商业觉醒

COMMERCIAL AWAKENING

李志宏／著

图书在版编目（CIP）数据

商业觉醒 / 李志宏著. —北京：企业管理出版社，2021.5

ISBN 978-7-5164-2350-9

Ⅰ.①商… Ⅱ.①李… Ⅲ.①企业经营管理 Ⅳ.①F272.3

中国版本图书馆CIP数据核字(2021)第053303号

书　　名：	商业觉醒
作　　者：	李志宏
责任编辑：	于湘怡
书　　号：	ISBN 978-7-5164-2350-9
出版发行：	企业管理出版社
地　　址：	北京市海淀区紫竹院南路 17 号　　邮编：100048
网　　址：	http://www.emph.cn
电　　话：	编辑部（010）68701661　发行部（010）68701816
电子信箱：	1502219688@qq.com
印　　刷：	北京环球画中画印刷有限公司
经　　销：	新华书店
规　　格：	700 毫米 × 1000 毫米　16 开本　17.25 印张　227 千字
版　　次：	2021 年 6 月第 1 版　2021 年 6 月第 1 次印刷
定　　价：	68.00 元

版权所有　翻印必究　·　印装有误　负责调换

自 序

企业家教练路途上的觉醒

多谈经营，少谈管理

记得是2005年，我还在埃森哲咨询公司工作，有一天同事们聊起来，认为咨询业很难有好的盈利模式。因为咨询是努力帮助企业节约成本，当企业成本被控制到一定程度再难有大的改进空间时，便总有一种与客户抢饭吃的感觉，这是与投行模式的不同。投行是与客户协作，共同面对外部资本市场，对增量募集来的资金按比例分成以获得各自的收益，客户自然能够接受。

有了这样的认知，加之当时很流行一本叫《人生下半场》的书，善于做职业规划的我们不免思考咨询顾问做到尽头后的下半场人生。我与好朋友白立新博士相约要做企业家教练，以之作为人生下半场的归宿和价值体现。

为了积累企业运营的实战经验，2009年带着IBM全球企业咨询高级合伙人的光环，我来到一家当时如日中天的餐饮集团企业担任CEO。这家企业的创始人兼掌门人非常有理想，希望开创一套管理系统，希望自己的企业成为中国管理最好的企业，这自然符合我的职业特长和兴趣。我寻求世界顶级咨询公司来助力，包括IBM、罗兰贝格、翰威特、安永等，也包括从华为出来的资深咨询团队，对每个企业管理模块都做了广泛深入的管理体系化、标准化、信息化改造和全面升级。一时间，我们确实成为行业里管理的标杆企业，并因此获得了国家科技部授予的服务管理创新大奖和中烹协科技创新的最高奖项"中餐科技进步奖"。那时候，公司也是因为瞄准了一个特殊的赛道，业绩出奇的好，尽管公司核心团队都投入管理体系的打造中，但丝毫没有影响企业经营。

作为局中人，虽将原来的各种咨询思路和方案都在这家企业做了呈现、升华和体系化，但作为企业CEO，我明显感到不对劲，感觉这个体系太过庞大和沉重，实施起来非常吃力且难以快速转化成效益和效果。只是在那个时候我还无法准确地找到问题的症结。

三年的CEO实践之后，2012年年底，我真正转入企业家教练的角色和实践之中，开启人生的下半场了。也就有了机缘可以广泛接触不同经济区域、不同行业、不同发展阶段和不同规模的企业和企业家，包括"二代"（我们更愿意称之为继创者）和初创创业者。在这期间，我也同时有机会作为中国人民大学EMBA客座教授、北京大学后EMBA中心主任，参与北京大学国家发展研究院BiMBA商学院新商业领袖项目，开始了企业家教育工作的实践和探索。

正是在这个过程中，我更加体会到管理教育以及管理概念给这些曾经一头扎在一线摸爬滚打、自性发展的企业家们带来的改变和引发的盲目崇拜。一切管理至上，一旦企业发展和成长出了问题，都到管理上做文章，言必谈管理、精力都投入内部震荡，换老臣、空降高管，危机重重，企业的业绩却未必得以真正改观。

幡然醒悟，原来一切的问题都有了答案：咨询公司和商学院都将重心放在管理上，却忽视了经营！企业更应该导向于外部市场机会，关注客户、谋求增长、实现开源，这是经营的本质和内涵。管理永远是成本，它只能服务于经营，不能高于经营。管理也只能是手段，绝不能成为目的。这就是为什么客户总容易认为管理咨询抢占利润，增加成本，无论怎样说服，客户最终还是会把咨询投入纳入成本项，而不是投资项。

于是在2015年2月《商业评论》杂志的管理专栏"志宏点拨"中，我首先提出了"多谈经营，少谈管理"的理念，呼吁企业家、经营管理者、商业教育者、企业咨询顾问、企业家教练等，面向企业时要将企业引导到经营的大道上，让经营作为企业主宰，管理要为经营服务，支撑更好的经营，管理更不能超越经营阶段。这是我最早提出这一观点的文章，也因此成为我作为企业家教练的第一深刻觉醒认知。令我高兴的是，后来在学术界和企业实践界，这个认识逐步成为共识，成为大家共同的呼吁与主张。

企业系统之上的企业家系统

正是因为有了企业家教练的广泛实践，加之职业背景使然的善于洞察和思考，我看到了另一个商学教育和企业咨询的盲区。大家总是津津乐道企业系统，战略、组织、流程、文化、人力资源等，这些都关乎企业本身。但综观任何一家企业的创立、发展、衰落和死亡，无不都受企业家这个主体的主宰和制约。就算是IBM这样的百年企业，尽管早已走出创始人个体主导和家族传承的时代，完全职业化和规范化，但其兴衰无不与时任CEO休戚相关。如何才能将企业家这一特种人才说清楚？如何搞清楚究竟是他们身上什么样的特质在驱使其引领企业前行？又是什么样的底层障碍在拖拽他们对新台阶的跨越？我认为要从高于我们熟知的企业系统的另一个系统——"企业家系统"入手。我们必须把它弄明白。

带着这样的做学问的态度，以及渴望解决问题的好奇心、热情与愿力，我又一头扎入企业家系统的探究中。功夫不负有心人，通过对上千名企业家的深入接触、教练辅导、访谈、观察、跟踪、解析，与他们共同破解企业和自我的一个又一个难题，从鲜活的个体到抽象的群体，建模、验证、反馈、迭代，最终我勾画出企业家画像，也研发了一个企业家指数，通过"外在能力"和"内核构造"的27个标签，以及一系列测评工具和解析方法，形成一个企业家系统，可发掘一名企业家的优势、劣势、盲点，以及潜能，让企业家能够更好起到推动企业发展的核心动力作用。

结合这个企业家系统和原有的企业系统，依托互联网技术，我们开发上线了"企业CT系统"，这是一套针对企业、组织、个人发展的智能化在线评估诊断工具（可通过"商业觉醒大学"公众号进行测评，在底部"企业CT"栏点击"开始评估"，在"自助评估"列表中进行测评，点击"企业CT"栏底部"我的测评"随时阅读测评报告）。这一系统以增长、发展为核心出发点，从基础测评到战略、运营、人和组织等方向进行全方位系统评估，快速帮助评估对象正确认知自我，找到自己的核心问题和未来发展的阻力，从而做出正确的判断和决策。

我希望人工智能和大数据应用能够推进这个企业家系统最终成为机器人服务时代企业家掌上的"决策机器人"，不仅能最大限度激发和展现企业家特质，同时能够让企业家在企业经营决策上更具多维科学性和智慧性。

商业觉醒，向上向善

带着"多谈经营，少谈管理"的企业成长动力模型，以及能够不断激发企业家特质的企业家系统和"双U穿越、重塑增长"的体系方法，我的企业家教练工作着实有趣和富有成果，多家企业或走向了主板IPO上市，或正在成为头部阵列的企业。

然而《人生下半场》那本书对人生意义探求的指引却始终让我思考，我之于社会的价值在哪里？这常常让我陷入迷茫。

2016年，我开始领悟智慧探索的微妙。2017年7月，一次生命极限的珠峰大本营挑战体验，让我找到了做企业家教练的使命——商业觉醒，开启心力资本经营，用商业推动社会向上向善。

如果说我做企业家教练的前两项探索是推动企业家和企业追求向上的高

速运转的轮子，那么商业觉醒就是底盘，能够确保高速运转的轮子平稳久远行驶。唯有向善才能向上，向上是为了更好向善。

幸运的是，商业确实在觉醒。2019年8月19日，181家美国顶级公司的首席执行官在华盛顿召开的美国商业组织"商业圆桌会议"（Business Round Table）上联合签署了《公司宗旨宣言书》。《宣言书》重新定义了公司运营的宗旨，宣称：股东利益不再是一个公司最重要的目标，公司的首要任务是创造更美好的社会。

2019年11月11日，在腾讯21周年司庆之际，腾讯董事会主席兼首席执行官马化腾、腾讯总裁刘炽平及全体总办成员以全员邮件的形式，正式宣布升级使命愿景和价值观，腾讯的新使命愿景统一表述为"用户为本，科技向善"。中国的领头羊企业开始走在商业觉醒的大道上。

《商业觉醒》一书的由来与畅想

以上是我做企业家教练的三段觉醒历程，也是我对有效教练方式的探索。

我觉得与企业家和企业团队进行共创，总是事倍功半和行之有效的，所以我坚决不做传统的咨询，不写厚重的咨询报告，也不做周期长的咨询项目。我坚持探索并坚定地认为：企业家私董会、企业增长专题工作坊、多家企业团队共同组成的增长学堂、旨在落地和效果的微咨询、重塑增长走向头部企业的一对一陪伴，才是与企业和企业家共同能力养成、觉醒成长的最佳路径。也只有不断践行"经营+心性""智慧+科技""爱+陪伴"，激发企业家和团队本自具足的内生智慧和内在动力，企业和团队的成长才能走在坚实的路上。

正是坚持这样的企业家教练模式，我自己得到的成长和收获也是巨大的。今天这本书中呈现的案例、观点、模型、方法，都来自真实的私董会现场、企业工作坊现场、一对一企业和企业家辅导现场，鲜活真实。在此，谨向这些可亲可爱的企业家朋友致以诚挚的谢意和衷心的祝愿。

当然，这些文章的发表，更得益于《商业评论》和《企业管理》杂志领导的信任和编辑们的辛勤付出，使我的这些观点和素材获得专业呈现。更感谢企业管理出版社的领导和编辑，让5年来的文章得以结集出版，以影响和助力更多致力于"商业觉醒，重塑增长"的企业家、企业经营管理者、专家学者、企业顾问和企业家教练。书中观点，仅是自我认知的当下水平，如有不妥，欢迎批评指正。

8年人生中场的穿越，我带着以"商业觉醒，开启心力资本经营，推动社会向上向善"为己命，立足"经营+心性""智慧+科技""爱+陪伴"，矢志"开创一套企业家系统，成就100家行业领军企业，创办一流商业觉醒企业家大学"的愿景出发，徜徉在快乐充实的下半场人生路上。

每每畅想微软"予力全球每一个人，每一个组织，成就非凡"和星巴克"激发并孕育人文精神，每人，每杯，每个社区"的商业美景，我就觉得商业本应该如此美好，让人称颂和向往。

我虔诚地坚信，只要我们心有所向，商业觉醒的种子在此刻就会播下，用商业推动社会向上向善的力量就会生发，社会变得更加美好的愿景就会呈现。

本书志向于此，也期望读到本书的读者朋友能够共同致力于此，这样我们都将走向圆满人生，一起出发吧！

作者

2021年3月

目 录

上篇：经营智慧

第1章　商业思维 ———————————————— 2
1　多谈经营，少谈管理 ———————————————— 2
2　宜家的30年，你想一朝实现 ———————————————— 8
3　醒醒吧，平台狂想者 ———————————————— 12
4　电子商务的真面目 ———————————————— 16
5　企业活下去的六大保卫战 ———————————————— 19
6　企业复工的六个顶层思维 ———————————————— 27
7　重塑增长，企业必须要掌握的框架 ———————————————— 37

第2章　战略重塑 ———————————————— 45
8　点子≠战略 ———————————————— 45
9　联想的"死结" ———————————————— 49
10　"心动"的战略才有效 ———————————————— 54
11　企业做大，必然多元化 ———————————————— 58
12　战略思考，快与慢 ———————————————— 62
13　如何像西贝餐饮那样玩转趋势、领跑行业 ———————————————— 66
14　线下的好日子来了 ———————————————— 74
15　为年度规划"把脉问诊" ———————————————— 77
16　让钱追着你跑 ———————————————— 83
17　战略增长是向右还是向上 ———————————————— 86

第 3 章　经营提升 —— 91

18　服务品牌价值=顾客体验的总和 —— 91
19　你真的知道你在卖什么吗 —— 96
20　顾客知道你在卖什么吗 —— 100
21　客户洞察"五招十六式" —— 104
22　价值贡献：客户管理的新维度 —— 109
23　检验客户导向的真与假 —— 113
24　销售，首先是门科学 —— 118
25　向IBM学销售方法论 —— 123
26　是时候捋一捋你的产品了 —— 128
27　极致产品的痛点设计 —— 133
28　躲不过直播带货怎么办 —— 136
29　直播带货暂不具备成为主流商业模式的特质 —— 141

第 4 章　组织创新 —— 143

30　创新基因可以培育吗 —— 143
31　盒马很不简单，不过你也学得会 —— 148
32　把组织做小 —— 153
33　六步打造灵动组织 —— 160

下篇：觉醒思维

第 5 章　企业家思维 ——————— 168
　34　好汉，别提当年勇 ——————— 168
　35　企业家刮骨疗伤的三把刀 ——————— 172
　36　企业家转型的自我修养 ——————— 177
　37　企业家，莫为修心性而丢了禀性 ——————— 181
　38　为什么别人做大了，你却不行 ——————— 185

第 6 章　商业要觉醒 ——————— 190
　39　很遗憾，99%的经营者没有下半场 ——————— 190
　40　残缺的苹果——商业觉醒 ——————— 197
　41　危情之下，重思企业家精神的"源"与"流" ——————— 204
　42　为什么你的大愿没有带来力量 ——————— 211
　43　双U穿越 ——————— 215
　44　"把话说透，把爱给够"，一家"奇葩"企业 ——————— 223

第 7 章　心性领导 ——————— 231
　45　读懂人性就此一招 ——————— 231
　46　你有自己的人生画卷吗 ——————— 237
　47　企业需要长跑人才还是短跑健将 ——————— 242
　48　创始人，别把总裁当摆设 ——————— 246
　49　你找的总裁对路吗 ——————— 251
　50　给企业家"看相" ——————— 256

上篇：经营智慧

第1章 商业思维

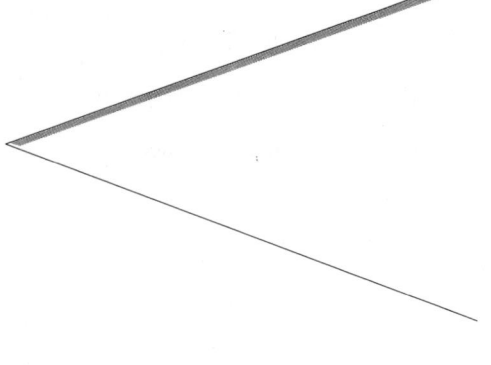

1

多谈经营，少谈管理

黄总经营一家有地方特色的餐饮企业，地处省会城市，经过几年努力，已经发展到拥有十几家直营连锁店的规模，年销售收入达1亿元。因为我曾在餐饮行业有过从业经历，经人引荐，黄总来拜访我。一见面就听他抱怨，之前请的咨询公司不给力，没有很好地实现他对集团的管控意图。黄总大有改弦更张，另请高明之意，且反复问我集团的架构与体系应该如何搭建。

我问现在集团有多少人，他说全部不到300人；我又问集团总部有多少人，他说有50多人；接着我问集团净利润多少，他说7%～8%；我进一步追问他是不是觉得总部管理人员人手不够，他回答是。我再问：

"是不是现在门店连换个灯泡都要打报告给总部运营部,总部忙得顾不上,一周过去了也没给换上,害得顾客总是投诉。"他说:"李老师,您说得太对了。"我追问:"既然问题这么严重了,作为领导者,你难道没有悟出什么道理?"这一问,倒把他问糊涂了。

这就是许多中小企业在成长路上交出最昂贵学费之所在。很多中小企业在经历初创期的奋斗小有规模之后,便四处学习,抓住"管理"一词,于是乎投身于对"管理"的研究与打造中,忘了企业的初衷和根本——经营。今天,对成长中的中小企业,我要大声疾呼:多谈经营,少谈管理!

经营与管理,哪一个才是中小企业最有效的成长之道?下面我来谈谈我的理解。

企业经营:一天、一地、一灰度

企业应该始终以"产业趋势"和"客户需求"为导向,不断修正自己的"业务定位",并形成可实施的业务策略和可达成的业绩目标,以此来牵引公司的业务和运作。在战略和绩效的拉动下,为确保公司上下不会为追求业绩而违背商业伦理和职业道德,可通过核心价值观的实现,用企业文化的底线思维来规范大家的行为,推动相携同行。

这"一拉一推"便构成了企业经营的"一天一地"。天地之间,只要有利于"以客户为中心""充分激发员工的主观能动性""构建企业核心能力"这三个准则,一切皆可以简化,皆可以放权,皆可以模糊和妥协,这也类同于华为倡导的"灰度"管理。

下图便是"一天、一地、一灰度"思路企业成长动力模型。

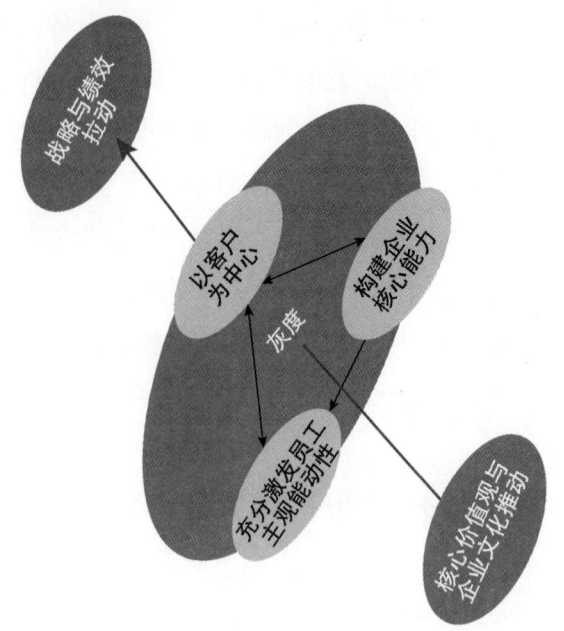

一天、一地、一灰度企业成长动力模型

什么是企业经营的"天"

互联网思维的本质仍是用户思维,"得用户者得天下"。德鲁克早就讲过,"企业的唯一目的就是创造顾客"。在今天竞争越来越激烈的市场环境中,中小企业要想赢得顾客,只有不断细分市场,找到非常有把握且能深刻触及用户痛点的市场,并提供极致的产品与服务,才能形成竞争优势。这就是企业的业务"定位与规划"。

名创优品在电商将流量吸引到线上并形成巨头竞玩的时期,坚定地认为女性闺蜜挽臂逛店仍可创造巨大的刚性需求,于是反流向而行之,选择线下开店创业,定位18岁到28岁的年轻女性顾客。名创优品满足的并不是刻意的专程购物,而是闺蜜在主流消费(如看电影)之后一起闲逛购物的需求。于是便有了名创优品迅速开遍热门商圈的上千家门店,每天接待数百万顾客，收入迅速达到数十亿元的黑马现象。

战略是干出来的，要想有效达成战略目标，必须将战略转换成一个一个业务职能的策略。只有策略才能被各业务部门准确地理解与执行。比如，有一家企业的战略是"让顾客天天吃到野生海鲜"，这家企业为战略落地制订了如下职能策略：采购必须转换成到海边的源头采购；通货采购和全球采购；根据采购品种快速确定烹饪方法和产品研发；营销上更要快速调整菜单和大力主动推荐销售。如此战略下的企业运营，收获了战略目标的实现。

战略执行同时又要不断被考量、被评估，进而被修正。所以，将公司整体战略目标转换成个人绩效，同时赋予每个人以清晰的方向与评价标准，便是战略生效的另一砝码。IBM一直卓越的原因之一就是其覆盖全球40多万员工的PBC个人业绩承诺，也就是为每名员工赋予清晰的业绩目标，并以此为标准来评价、考核与激励员工。

什么是企业经营的"地"

绩效导向的经营确实存在发生有人见利忘义、违背道德的风险。"价值观引领，企业文化推动"是规避此风险最有效的措施。要建立企业核心价值观，并将这个价值观转换为文化能力模型和行为特征。展开员工的价值观评价，并以此来衡量业绩的达成是否符合公司的文化标准，不失为简单又有效的方法。联想的"红线"管理、阿里巴巴的"价值观考核"、华为的"自我批判"，都是企业文化底线思维的现身说法和最佳实践。

如何"灰度"

在以60后、70后为就业主体的企业里，严格细致的制度可以发挥很好的作用。但对彰显个性，崇尚自我实现的80后、90后，管理者则应因势利导，在企业中构建适度的"灰度"，顺应"新人类"追求自我、标新立异的特质，激发他们的主观能动性，发挥他们的创造力，让他们在工作中实现自我价值，让工作变得好玩！

在适当的"灰度"中，需要恪守以下原则。

1. 以客户为中心

小米在基层取消KPI，不是没有考核，只是把考核权交给了用户，由用户来做评价，并决定员工在企业的收益与未来。海底捞之所以产生如此大的服务生产力，是因为其创始人始终坚持"授权、授权再授权"，将服务好顾客的免单、打折、赠送，甚至感动服务的权限都下放到一线。"让听得见炮声的地方来决策"就是告诉我们，一切组织和流程都要围绕"客户"展开。

不要把焦点误放在内部管理极致上，设置一堆流程，搭建优化的组织，制订完美的制度，都是治标不治本，也会离客户越来越远。

我曾建议某装备制造企业，"既然每一个订单都是个性化的，而所有订单都按传统的职能式长链条运作，造成大多数订单都拖期，不如做拆分，扁平化项目运作，为每一个订单赋予一个客户经理和内部团队，与客户的连接变短，对客户的响应也会变得更及时、更准确。"

2. 充分激发员工的主观能动性

体验过海底捞服务的人都会好奇，为什么其员工都那么激情投入；了解华为的人也都感到其员工付出了更多的努力。道理只有一个：以"客户"和"经营"为导向的公司，会从指令式告诉员工干什么，向激发员工主动干好的模式转变。几百人、几千人、几万人被激发，将产生无穷的力量。

建立激发员工主观能动性的机制。海底捞"双手改变命运"的核心价值观与企业绩效激励，华为"工者有其股，让几万知识分子出身的员工持股"正使员工的持续成长为企业注入原动力。给每个员工机会，他们会给企业创造更大的价值！

3. 构建企业核心能力

在同质化竞争激烈的今天，只有对客户重要，又能达到很高水平的能力才能称为企业的核心竞争能力。小米的用户参与、京东的极致半天送达、苹果的爱不释手、海底捞的"变态"式服务，都是围绕顾客痛点在强化各自品牌的核心竞争能力。一旦这个能力形成，竞争的门槛也就无形被提高，经营的优势也就被无限放大了。

黄总意识到自己企业问题后，"经营"与"管理"的思路也就明晰了，他砍掉总部很多基于事务性的管理设置，将经营自主权更多下放到了门店，将总部功能重新定位为战略拓展、机制创新与支持服务。这样，黄总的企业焕发出了新的活力！

→ 进入"商业觉醒大学"公众号"企业CT"栏目，开始"企业竞争指数"评估

本文首发于《商业评论》杂志2015年2月刊，题目《多谈经营，少谈管理》

2
宜家的30年，你想一朝实现

最近读书兴趣发生了极大变化，从关注思想理论转为偏爱企业实践与案例。一本一本看罢，有了一点心得：真应了"成功的企业各不相同，但失败的企业都是一样的"那句话，失败的根本原因都在于远离客户和市场，不能满足目标客户不断提升的价值希冀。如果你不认同这个论断，那么我们用案例来说明。

《这就是宜家》由宜家CEO安德斯·代尔维格亲自著述。安德斯于1999年到2009年担任宜家CEO，带领宜家快速发展成为全球零售巨头，年销售额从70亿欧元激增到215亿欧元。作为宜家品牌的忠实顾客和坚定支持者，同时也作为一名冷眼旁观的观察者，我对这本深度揭秘的书爱不释手。

在读到"宜家在向海外全面扩张之前，花了30年（1943—1972年）时间来建立自身的商业模式"时，我这位"专家"也备感匪夷所思。"在现今世界，大部分的企业只用了宜家起步的时间，就迅速经历了创业—繁荣—消亡的过程"，一语中的，身边的例子真是俯拾皆是！

危机：
片面追求商业模式，催生急于求成的众生相

互联网经济环境下，市场上确实出现了许多蹿红的明星企业和明星企业家，它们有着令人羡慕和仰望的成功商业模式，并显示出极强的商业力量，将众人都推到了追求先进商业模式的急行军中。许许多多课堂、论坛和聚会，都被卷入"路演式"的名利场，市场也催生了"商业计划书撰写"的大量服务需求。

仔细观察就会发现，这些路演者展示的，不过是其商业计划设想，"忽悠"着别人，也无形中"忽悠"着自己和团队。擅长舞台表演的他们，只重视舞台秀，完全忽略了台下十年功的付出和积累。

追求先进的商业模式，本无可厚非，但我们得首先回答两个问题。

第一，你是将重心放在商业上，还是模式上？

第二，你的商业模式是刻意设计出来的，还是依据商业逻辑演变出来的？

两个问题同指一个核心，即商业的本质——顾客、需求和价值。如果把商业的本质和逻辑看透了，弄明白了，也就水到渠成，形成的商业模式一定不会太差。宜家花了30年建立商业模式，因循的就是商业的这个本质和规律，其成长历程处处体现着它扎根于此的探索、实践和打磨。

根源：
产品和技术思维太过根深，"客户洞察"却显肤浅和初级

获得顾客是企业的目的，也是商业的原点。道理好像人人都懂，但实践却是另一码事：基于泛泛的市场和销售反馈、公开或网站获取的资料、内部的几个讨论会、技术部门的闭门测试，甚或领导者的直

觉，就开始给客户画像，然后寥寥几段文字就算完成客户洞察了。

曾凭借产品和技术成功的企业或企业家，要真正完全转换到客户驱动的轨道上，确实不是能轻易做到的。因为其敌人就是自身，惯性与兴趣会把其迅速拖回产品与技术升级的快感之中。

1964年，德鲁克在其专著《成果管理》中就给我们敲了警钟，"只有一个人真正了解顾客，那就是顾客本身。"一旦没有去深度接触与观察顾客，了解其特性和行为，就无法真正知道顾客是谁，也就无法知道顾客是如何购买、如何决策、如何使用你的产品的，更遑论了解顾客有什么希望，顾客认为什么是重要的。这时，再先进的模式和产品也无法撼动顾客，因为你不了解他。

出路：
补上"客户洞察"这一课

想必大家都逛过宜家，拥挤、排队停车、找购物车、寻找商品、抄写商品代码和货区号、走规定路线、自提、结账、打包、装卸、回家组装，逛一次宜家不亚于做一天超强体力活。但过一段时间，发现家里缺点啥，不由自主又会去宜家体验上述购物活动。

这是为什么？因为宜家把我们琢磨透了，它给予我们的价值感太强，太诱惑，我们根本无法抗拒：钱花得值，买回的商品设计精良、功能强大、物美价廉；又是独家产品，只有宜家才能找到的斯堪的纳维亚风格；激发了家居灵感，知道家该怎么布置了；一站式购齐的购物体验，回家还可以享受DIY的乐趣；愉悦的游玩式购物、美食、孩子的游乐场……这就是宜家对客户的深刻洞察，无不彰显其"为大众创造更加美好的日常生活"的使命。

宜家的商业模式我们很难学会，但其"客户第一"的思维与实践，却是我们可以学也最应该去学的。当我们真正明白这个道理，便会发现，商业模式根本不是目的，而只是实现客户价值的手段罢了。也许那时，我们就能理解德鲁克老先生的告诫了：是顾客决定了企业做什么。

本文首发于《商业评论》杂志2016年4月刊，题目《宜家用了30年，你竟想一朝实现》

3

醒醒吧，平台狂想者

申总，曾经的房地产企业经营者，凭着敏锐的商业觉察力与胆识，取得了非凡的业绩。面对当今经济环境的巨变以及互联网的浪潮，具有创业意识的他，开启了企业的新业务尝试。本次私董会上，他带来了自己的互联网议题——创立文化艺术金融交易平台，一听就是"高大上"的商业项目。听他介绍完，一个超级平台赫然眼前：整合了艺术创作者、博物馆、拍卖商、艺术品收藏者、艺术品欣赏者，以及合作金融机构等各方利益相关者。内容包括艺术品创作、展示和交易；游戏及衍生商品交易；网上虚拟商业街、虚拟店铺、角色扮演；虚拟货币、P2P金融交易等众多商业构想，俨然BAT的变种或升级版。

无独有偶，何总带来的案例有异曲同工之妙。他经营传统的有色冶金企业，经过近20年的打拼，拥有了十数亿元的资产与销售规模。如今，他面临着产品将快速被取代的威胁，加之国家环保准入门槛的提高，他必须转型。鉴于其企业产品多用于蓄电池，他自然而然地沿着前向一体化思路，选择"用电解决方案"的方向设计转型：阶梯电价蓄电应用、电动汽车充电桩及车位充电应用、电传导新材料、废旧电池金属材料回收，同时涵盖传统电池与新能源汽车电池及应用的多种场景，客户也从传统的蓄电池制造商扩展到电动汽车用户、工商业用电企业、充电工程商、政府、电力企业。又一个平台构想者！

"平台""生态"，恰如其对这两位企业家所产生的影响，正如"病毒"一般扩散，好像不构建平台与生态就不够创意与大胆。事实真是如此吗？

我曾在硅谷聆听了知名孵化器Founder Space创始人史蒂夫·霍夫曼（Steve Hoffman）的演讲，他关于创业起步的忠告对申总和何总，可能是对症之药。

精益创业，一切从简

首先，无论是创业还是转型，明确事业的目的与意义是第一步。也就是说，首先要弄清楚创业、创新、转型，对社会、人们的生活方式有什么价值与意义，意味着什么，是否能激起所服务对象的兴趣、购买欲望以及支付行为，这是根本。

其次，最初的切入点应该小一些，从一个核心目标开始。在一个大市场，瞄准一个细分人群的一个或两个痛点，寻求解决方案。当初的滴滴，不就是从解决打车难开始的吗？申总与何总如果回望来路，他们的第一次创业是否也是从一个小的核心目标开始，逐步做大做强的呢？

清楚了方向，接下来就是由谁操盘的问题。人才优先于战略，而人才的集聚也是一个渐进和累积的过程，对于新创企业与大多数传统行业，新型人才的匮乏是系统性的，所以，先组建一个精干的初始团队，给予灵活的机制与政策，无疑是开启转型和创新的最好开局。传统大型企业的转型，也可以营造这样一个机制，让多个小的内部团队开启创客思维的创新，如同海尔的转型尝试一样。

这个过程中，要确保以尽量少的预算、在尽可能少的时间内，在试点或者小范围内做到最好，并快速取得成效，这样不仅可以积累经验，而且可以集聚大家的信心，激发大家取得更大成功的欲望。

极简思维中的坚守

以上的创业经验，我把它概括为"极简主义"创客思维。在私董会上，我们建议申总和何总先将贪大求全的平台构想放一放，从极简主义思维再思考企业转型的新方向。

在这个过程中，需要坚守以下四点。

1. 专注客户和行业的核心

洞察行业的核心与客户的需求，不仅是创新与转型的起点，更是目的。今天的创业者与转型者，看似明白这个道理，但大都在实际操作中越来越偏离这个宗旨，他们将模式看得更重或更大，竭尽全力探寻着，却忘记了模式赖以产生与立足的根基。所以，创业应当回归顾客，只有对顾客理解得足够透彻，商业模式才会变得简单和有力量，也才有实现的可能。

2. 验证与迭代产品和模式

走向客户，了解产品是否真正契合客户的需求并解决了问题。在与客户的互动中不断迭代，给客户一个又一个惊喜与价值。不求一次的完美，但求顺应客户需求并不断满足客户的完美机制与过程。

3. 不怕输与忍受寂寞

创业或转型是一个艰苦的过程，只有坚守者才有可能脱颖而出，寂寞与困难总是难免的，不要幻想一蹴而就。

4. 累积核心能力

不管如何迭代、转换与失败，一定要积累自身的核心能力，唯有它才能引领我们走向一个又一个成功。

在极简思维之上向大机会转换

基于一个痛点开启创业或转型,赢得认可,并需要快速切换并探究第二个、第三个直至第N个痛点,用多个痛点的解决叠加深度黏住客户,并让产品与模式产生壁垒。滴滴先是出租车,再是专车、快车、拼车、巴士,现在更有代驾、试驾,马上又要推出卖车,老百姓出行的平台模式自然而然就形成了,叠加的优势已令竞争对手难以企及。也就是说,转型的深化,要求寻求多个痛点,构建深度连接的产品组合。

一旦完成产品的打磨与验证,就要考虑如何让产品快速投入市场并转化为优势与胜势。我们的私董会中有这样一家转型企业,在完成一项重大技术创新与产品研发之后,拥有了极强的专利技术,在国家对建筑保温层的防火强制标准推出之际,这家企业将产品进行专利分拆,核心专利产品自己生产、供应,非核心专利进行专利授权与入股,很快就构建了全国布局的生产基地、产能和营销网络,迅速完成了从1到N的扩展。这家企业的转型堪称升级商业模式、从1到N的完美案例。

申总和何总,是该重新思考你们的转型之路了,学学极简主义创客思维,忘掉一上来就希冀的平台构想,或许你们的转型会有更大的成功可能性。

本文首发于《商业评论》杂志2016年1月刊,题目《醒醒吧,平台狂想者》

4

电子商务的真面目

  硅谷，世界三大创新高地之首。4000平方千米的土地面积，不到全美1%的人口，却为美国贡献了超过2.5%的GDP，并不断产生着世界级公司——逐渐老去的惠普，步入中年的甲骨文、英特尔、思科，如日中天的苹果、谷歌、脸书，更有新锐的特斯拉、优步、爱彼迎和领英。

  渴求创新转变的中国企业家们近年来蜂拥着奔向硅谷，来到这个神奇的创新之地。跟随学员群体，我也急鞭而来，马不停蹄地穿梭在数个酷公司、孵化器之间，并听了数场演讲、报告。

  互联网、创新、风险投资、创业，国内耳熟能详的热词，在几天的游学中更显灼热。一样的好奇与探索，一样的观察与思考。直到听完领英公司的业务介绍后，我那颗急切的心才又重新平复下来。

  领英（LinkedIn），一个拥有3亿会员的全球职业社交网络，我们身边的多数"白领"都活跃其上。在我们心目中，领英的形象应该是：高市值、互联网、社交网站；想象中的"玩法"是：不断烧钱扩大会员数量，获得大量广告收入，再做平台开拓多样收入，贯穿始终的是时髦的花样网络营销。

  前期的领英确实是这么做的。但你能想象吗？今天的领英，主要营业收入近50%来源于与大公司招聘有关的工具软件销售，这个业务以30%的速度在增长。更"老土"的是，全公司7000人中有将近2000人是B2B销售人员，而且销售方式还是我们鲜少再提及的呼叫中心和成交阶段的面对面销售。唯一不同的是，在丰富与深刻的大数据挖掘与分析基础上，销售更加精准和自动化，新销售人员可以做到在两小时内被培训上岗。

这些现实，是否有点摧毁我们对互联网公司"高大上"的认识？

朴素的理念：商业的本质其实是"传统的"

还看领英，它的盈利模式其实是非常简单与清晰的：一是会员费；二是广告收入；三是招聘工具与产品销售。企业赚取的是雇主机构的钱，与传统的猎头没有本质的商业差别。其商业逻辑是提供更加完美的价值以获得雇主机构的认可、忠诚和长期买单。

一方面，领英发展更多可供雇主选择的"白领"个人会员，让其从线下的隐秘走到线上的公开。通过社交平台促使会员活跃、分享和交流。会员越是活跃，平台收集到的个人信息就越多、越真实，对行为与倾向的挖掘也越充分，提交给雇主的人才背景信息也就越全面和逼真。这样，雇主的招聘效率与成功率就越高。

另一方面，为了让雇主的招聘人员更加专业与高效，领英又开发出一系列基于互联网大数据挖掘和分析的招聘工具提供给雇主机构，于是后者就被牢牢地黏在领英的产品、服务与平台上了。既然这些机构客户已经被黏在平台上，就属于老客户了。面对老客户，为何放着亲切的面对面销售不用，而去一味追求所谓的互联网冷销售呢？所以领英坚持传统的销售方式。据其内部高管讲，脸书这样的大公司基本都是领英的客户，一年贡献给企业的收入均在千万美元以上。如此看来，领英做的其实是互联网背景下地道的B2B生意，可不是什么社交生意和平台生意！

商业觉醒

有效的出路：找寻属于自己的商业力量

回看我们生活中的那些电子商务公司，它们靠B2C起家，但今天还有几个是纯粹做B2C业务的？京东、苏宁、淘宝、天猫、唯品会、1号店，都在努力向B2B转换。这些电子商务公司尽管都号称并擅长互联网营销，但实际上今天都担负着吸引新用户与促进老用户交易的巨大压力与高额成本。这些曾经的B2C垂直门户，其实已将重点悄然转向平台面对进驻商家的B2B业务。尽管它们也仍在经营商品，但留下的一定是交易大数据分析出的"好商品"，利润则大多来源于B2B的佣金、服务和平台费。这与二房东似的线下模式有本质的商业差别吗？

之所以要谈这个逻辑，就是看到无数被电子商务冲击的企业，在转型路上盲目地快速去实体化、简单地去中间化，造成空心模式，过程悲壮而艰难。

王总，曾经线下的区域"家具大王"，面对互联网的浪潮，毅然决然地自我革命，关掉工厂与线下所有门店，朝向美妙的"设计+品牌"的微笑曲线飞奔。几年艰苦的打拼，终于做到了天猫电商平台的细分冠军，但仍无法达到理想的增长与财务目标。后来，他重新开启线下实体店，没想到，仅仅一年时间，线下业务便达到与线上业务同等的收入份额，两者的结合更促进了线上业务的增长。经过一年半的时间，王总进一步加快了线下实体店的布局，扩充地面传统销售力量。

所以，品牌运作可以虚虚实实，不嫌概念多，但商业本质要实实在在，否则看似你"忽悠"着别人，其实是把自己也"忽悠"了。

本文首发于《商业评论》杂志2015年10月刊，题目《电子商务的真面目》

5

企业活下去的六大保卫战

一场突如其来的新冠肺炎疫情，让消费占比巨大的餐饮、住宿、交通运输、旅游等行业在2020年的春节陡然黯淡。

中国经济网信息显示，2019年餐饮行业收入4.67万亿元，若按春节期间15.5%的占比来计算，那么2020年春节期间餐饮损失至少7000多亿元；若按2003年非典期间的数据，当时客运量下降23.9%，航空下降近50%，2020年损失会是更大数额；若按2019年中国旅游业总收入6.5万亿元计算，平均一天为178亿元，2020年春节旺季的损失数据会更高。

清华大学和北京大学联合调研了995家中小企业，发现29.58%的企业预计疫情会导致2020年营业收入下降幅度超过50%；28.47%的企业预计营业收入下降20%~50%；合计58.05%的企业预计2020年营业收入下降20%以上。

业务收入下滑，企业怎样顽强地活下去？我建议企业可以从以下六个方面展开保卫战。

第一战：现金流保卫战

1. 精准现金流报表和规划

杰克·韦尔奇说过，他通常最关心企业运营健康与否的三大指标为：客户满意度、员工满意度和现金流。现金为王，确保企业短期延续的第一要务就是现金流保卫战。我在做CEO期间经历过现金流危机，所以建议企业掌门人在危机时期要做好以下几点。

（1）每天审视资金报表，高度关注现金流。

（2）财务总监要细化到日、周、月、近3～6个月，做资金的流入、流出和余额报表，并及时呈报给掌门人，同时做好资金短缺筹措的细致规划和滚动预测。

（3）提前预警，商讨筹措资金的细致规划并确保落实。

2. 严控现金流出

一般来说，餐饮企业的成本结构通常如下图所示。

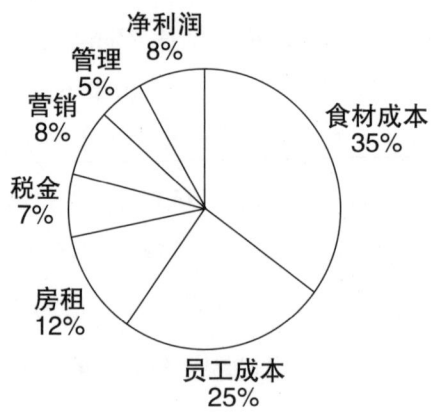

餐饮企业通常的成本结构

需要抓住主要现金流出环节严格管控，避免现金流枯竭。

（1）申请租金减免和延缓支付。困难时期很多物业主动出台了房租减免政策，但企业仍要细化到每一个门店，让店长与物业沟通、协商、谈判，争取更好的方案。

（2）员工薪酬福利应急规划。掌门人协同人力资源总监对公司薪酬福利各细项展开逐一分析。明确哪些发放、发放比例、发放日期，哪些暂时取消或延缓发放。同时还要做人力资源盘点，明确哪些岗位要力保，哪些岗位要在形势进一步恶化时壮士断腕，提前规划，细致预案。除此，要想好如何更好与员工沟通，获得理解并顺利实施。在这个过程中，法务和法律顾问的指导意见是必要的。

（3）申请到期贷款延期偿付。

（4）申请税金延期缴纳和适当减免。

（5）供应商货款支付。对尚未支付或即将支付的货款，与供应商沟通新的协作条款，如餐饮企业可用餐券抵货款；可以用稍高采购价获取更长的付款账期。

（6）挑战极限，压缩一切运营开支。

（7）提高财务审批权限。

3. 现金流筹措

不仅要管控现金流出，更要筹划现金的流入。

（1）金融机构融资贷款。即使从未做过这方面尝试的中小企业也要想办法与金融机构取得联系并保持积极沟通。

（2）股东援助筹款。或借、或增资扩股、或转让股份、或发展新股东，都要力争去做。

（3）员工有偿借款。这是当下可最快实施、也最容易操作的一项，同舟共济，与企业共渡难关，是绝大多数员工都愿意的。但尽量不要让员工去借款，更不要超过员工个人和家庭的承受能力。

（4）关键供应商援助筹款。通过调整供应商政策，向优质和资金雄厚的供应商获取资金支持和帮助，如通过增加供应份额、以量换账期、寻源和签署更加优质的供应商。

（5）预收客户货款。ToB企业可以沟通预收大客户货款；ToC企业可以加大会员卡销售和激励会员储值。

（6）政府补贴和救助。实时动态跟踪政策，获取每一个来自政府的支持。

第二战：员工保卫战

1. 致全体员工的一封信

没有员工，就没有企业，餐饮这样的服务性企业最佳的实践就是员工第一，只有满意的员工才有满意的顾客。在致员工的一封信中，一定要谈及以下四方面的内容。

（1）说明企业和全体员工当下要履行的责任。如保护员工、保护顾客、共同抗击疫情。

（2）直面遇到的问题和困难，公开说明企业的境况。

（3）回顾企业克服困难的成长历史，用历史证明企业精神，表明决心，号召共克时艰。

（4）坚决捍卫员工利益。一定要慎重是否表示不裁减任何一名员工，但要表明尽全力保障和捍卫员工利益的决心。

2. 人才盘点和人才保留预案

企业耗费大量时间和经费才培养出自己的团队，在危机时刻花代价确保优秀团队的稳定性和延续性是非常值得的，这也是东山再起的基础。进行公司人才盘点，做人才保留预案就成了必要动作。趁此机会识别公司级核心岗位、岗位级核心人才，并制订相应政策，可为后续经营提供参考。

3. 组织培训和学习

开展线上培训是企业的必然之举。培训一定要放在组织关切的事项上,尤其是那些曾经计划开展而又忙于其他事务被搁置的关乎企业核心能力构建的项目,比如电商运营类课程。

4. 尝试新型用工形式

盒马鲜生向餐饮企业借员工,青年餐厅和云海肴等企业立即响应,这是危情之下新型用工、释放生产力的好形式。过去我们可以把岗位外包,今天当然也可以把员工租借给其他企业。只是采用这个尝试和应急方式,一定要处理好员工与原企业的"自我归属感和安全感",避免一借不回。

第三战:客户保卫战

1. 给顾客的一封信

这是一封在危难时刻表示企业关切顾客,与顾客共抗疫情、命运相连的信,信件一定要包括下列内容。

(1)感恩之心。表明是顾客成就了企业,成就了企业的品牌。

(2)履行责任。危难时刻,坚决捍卫顾客的利益,并履行社会责任,为抗击疫情尽心尽力。

(3)直面问题。不隐瞒当下遇到的困难,展示自救的决心和举措,号召顾客的更大支持。

每一次危机,都是企业与顾客的一次对话。用心说话,顾客一定能感知到,会回应并伸出援助之手,也会让更多陌生人成为新顾客。

2. 维系和扩展会员

有足够的核心客户,就有坚持下去的坚实基础。要寻求客户的更大信任和支持,可采用发展会员、办储值卡等方式。

第四战：业务保卫战

1. 要创造条件力保刚需型业务

疫情之下人员聚集型业务暴跌，但生活必需的生鲜、零售类业务暴涨，外卖和电商业务则是刚需。

2. 已流血型业务突然死亡法

在企业里，可能一直存在一些"流血"业务，其产品和模式可能早已过时，在现金流好的时候，也许还可以观望和犹豫，在危机时刻就可以断然实施"突然死亡法"，一次性彻底切除这些业务。相关前期投入或许无法收回，但可以切除对未来现金流的拖累，还可以释放被占用的资源。

3. 新收入业务突击上市

利用暂停营业的时段，展开新业务的研发和上市验证。如餐饮行业菜品食品化，食品商品化，商品零售化，就是非常好的新业务方向。

4. 新业态和新模式加快转型

食材零售、餐饮加工和餐饮服务这样的混合业态一定会出现，它既有原有餐饮的属性，还有零售的属性，更有线上线下的混合属性。新产品不仅将覆盖300米以内的堂食和居家购买需求，还可以覆盖3000米以外的外卖需求，更可以覆盖300千米以外的电商需求。这样的业态可能不在大型购物中心里，但一定在离目标客户最近的社区里。这种转变一定会在很多行业发生，抓住危机促成变革和转型才是企业最好和最为久远的生存保卫之道。

第五战：企业家自身保卫战

企业家也需要打响自身保卫战。

1. 成为"定海神针"

陈春花老师讲得好：企业家要有经营意志力。在企业生死存亡的关头，企业家义不容辞要扛起责任担当的大旗，坚定地领导企业上下打响保卫战。

2. 信心是最大法宝

企业家有信心，团队才会有信心，客户才会有信心，所有试图帮助你的人也才会有信心，才会伸出援助之手。信心是可以被感知的，它有辐射力和感染力。信心是试金石，可以将别人对你的信任延续，带给你终身财富。

3. 活下去才是王道

放下面子，将全部精力倾注在确保企业活下去的要务上，以组织利益为重，确保组织的延续性。

4. 关注外部力量

非常时期要多将眼光放在外部。外部的资源、资金和政策，都要多加关注和主动连接。

5. 寻求心灵导师

面临空前巨大的心理压力时，心理疏导和减压是必要的工作。只有轻装上阵，才能带领团队和组织拥有阳光心态和积极向上的面貌。极度压力下，是根本不能激发创新思维去解决问题的。当遇到解不开的症结时，积极寻求心灵导师的疏导绝对有益无害，千万不能自我忍耐，死扛硬顶。

6. 加强身心训练

工作再忙，压力再大，也要留出足够的锻炼和休息时间，确保身心健康才能带来更大的能量源泉，促进智慧生发。

7. 给自己每日静笃的时间

危机处理需要智慧，守静笃，才能致虚极。每天给繁忙的自己半小时的安静时间，或静坐，或冥想，或快走，或跑步，即便是做做深呼吸，放松一下紧绷的身体和快速运转的大脑，也可能在不经意间灵光乍现，豁然开朗。

第六战：重塑价值主张战

1. 重新思考人类始终面临的"三对矛盾"

人类如果无法约束自己，也就无法约束商业，如何处理与自我、与他人、与世界万物的三大矛盾必将继续深深地困扰人类。

企业家个体和企业组织对社会的真正价值在哪里？

商业个体和组织在一次又一次的灾难中开始觉醒：兼善天下才是商业的本质。企业生死存亡之时，作为企业家，更应该思考组织对他人、对社会的真正价值究竟在哪里。

2. 重新定义企业存在的价值

企业是一个有机生命体，它是企业家和经营者生命的呈现。危机也是商业觉醒的契机，能够促使企业重新定义自己的使命。推动社会向上向善、走向美才是企业存在的本来价值。

使企业新的价值主张深植于组织的灵魂中。

企业有了新的存在意义和使命，就该重新书写价值主张，并把它深植于企业组织的制度、言行和思维中，并用生命捍卫和坚守。

个体来行动，行业来行动，商业来行动，整个社会终将变得更加美好，这次的保卫战也才更具有铭记价值和历史意义。

本文首发于《企业管理》杂志公众号2020年2月11日，题目《企业活下去的六大保卫战》

6
企业复工的六个顶层思维

在极端恶劣的环境下，无论是人还是企业，都会充分暴露沉疴痼疾，严重的时候还会危及生命。

这一点我深有感受。2017年8月，我去了一趟"珠峰大本营"，在那里待了一夜，共12个小时。本来海拔5300米的地带空气就极为稀薄，当时又赶上暴雨，导致极度缺氧。那时，我平时就有病痛的脏器和筋骨疼痛欲裂，有一种生命垂危的感觉。

今天的企业，面对2020年新冠肺炎疫情带来的重大危机，也会将过去经营管理中的弊病暴露无遗。

复工之际，企业一定会忙于自救。但静下心来，用顶层思维对这些可能危及企业生存的不健康因素做一次深刻梳理，并对其采取强有力的措施，才是摆脱危机的应有之举。

顶层思维之一："蓄水池"经营
1. 树立"蓄水池"经营理念

今天遇到经营困难的企业大都是现金流出了问题，面临现金流断流危机。也就是说，当企业收入流量减小，而支出又无法停止的时候，由于没有中间的"蓄水池"，造成支出无法接续而出现现金断流。如此，企业将不得不终止经营，面临关门破产的风险。

这个问题的根源在于企业高层过去太看重利润和资产，现金流意识反而不强。

有一个典型例子。海航集团2019年收入数千亿元，资产规模达万亿元，而且其旗下拥有10家上市公司，大部分公司的利润相当可观。海航集团却因资金短缺，出现了工资延迟发放的情况，即使变卖资产也无法解决资金流动性不足的问题。压死资产大、报表还盈利的"骆驼"的最后一根"稻草"，也许就是今天这个瞬间改变的外部环境。

真正的百年企业，无不重视现金流经营。

IBM 2019年年报显示：收入771亿美元，创造了148亿美元的经营净现金流，其中自有现金流高达119亿美元，并且2020年的战略目标是将自有现金流提高到125亿美元。所以，IBM能历经百年沧桑，基业长青。

稻盛和夫先生也曾提到，他在经营京瓷的时候，公司的现金储备能够确保企业即使7年收入为零仍能存活下去。现金流恐怕就是日本众多长寿企业能经历各个经济周期存活下来的根本吧。

新冠肺炎疫情给不少企业带来了经营危机，现在该是企业家们建立"蓄水池"经营思维并采取行动的时候了。

2. 建立"蓄水池"模型并强制"蓄水"

第一步：建立"蓄水池"模型。

下面的公式为一家企业构建的现金流模型。

期末资金余额	=	期初资金余额	+	经营性净流入	+	投资性净流入	+	融资性净流入
				主营收入+ 其他收入+ 贷款支出- 薪酬福利- 租金支出- 一般费用- 税费支出- 门店用款- 保函预付款注册资金-		股权款- IT设备款- 工程款设备款-		往来款-/+ 贷款收入+ 贷款归还（含利息）-

某企业的现金流模型

公式中期末资金余额反映的是企业当下可以支配的自由现金流，也是"蓄水池"里留存的余量。要将这个"蓄水池"余量做大，就要将上述模型各项下的"+"项做大、"-"项做小，以产生足够留存资金。

"蓄水池"经营思维，就是一切经营以期末资金余额越来越大为目标，并以此作为衡量企业经营发展的重要指标。

第二步：强制逐年"蓄水"。

"经营之圣"松下幸之助的"水库理论"提出：企业必须建立真正能够支持在突发和不确定的情况下仍然有现金、能活下去的机制，每年至少要将企业10%~20%的利润纳入现金"蓄水池"。

建议企业分以下几种情况强制"蓄水"。

（1）盈利水平正常的企业，可以以其利润的10%~20%作为建立"蓄水池"的标准。

（2）收入正常但不盈利的企业，需先进行大幅度业务调整以确保正常盈利（具体可参照本文第四个思维方法），但要以企业3个月无收入也能存活作为建立"蓄水池"的标准。

（3）处于新业务孵化或转型期的企业，至少以一个融资周期的资金需求作为建立"蓄水池"的标准。遇到融资环境不佳的年份，一年以上的"蓄水量"是必须的。

第三步：将"蓄水池"经营理念和标准纳入公司章程，变成当下开始实施的不可打破的企业"法律"。

顶层思维之二：人才思维

作为企业家，奉行员工至上的经营理念无疑是正确的，也是应该坚守的。但面对疫情的突袭，企业降薪减员已是大概率事件。

稻盛和夫拯救日航的时候，尽管他坚定奉行办企业的目的就是追求员工物质和精神的"双幸福"，但面对濒临破产的日航和其5万名员工都可能失业的情况，他裁掉了1万多名员工，最终保障了大多数员工的利益，这是"丢卒保车"。

减薪裁员不可怕，可怕的是"胡子眉毛一把抓"。比如，裁掉某些高薪员工，看似立竿见影，却很可能因此失去了人才，使企业丧失东山再起的根基。所以，基于人才思维启动减薪裁员方案十分重要。

可按照下图人才"九宫格"，给组织内的每名员工贴上标签，区分哪些是真正的人才。

第1章 商业思维

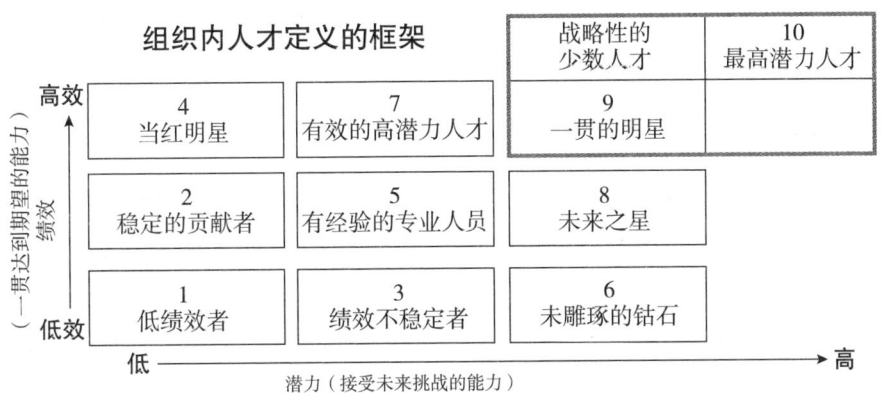

人才"九宫格"

在"人才"思维的框架下，可以用"五步法"启动员工留减计划。

第一步：在越来越不确定的新经营环境下，首先明确组织新的业务重点，如哪些需要保留，哪些需要缩减或突击开发。这是经营导向。人员只有符合经营和业务需要，并能支撑经营和业务的运转才能称为人才，否则就是在增加成本。

第二步：基于业务重点，明确"战略解码"举措以及所需要的人才。这样的人才需求才是明晰和配称的。

第三步：按照上述人才"九宫格"，对现有人员进行盘点并贴标签，以掌握组织的人才分布及每个人才的状况。

第四步：基于第二步确定的人才需求，对现有人员进行盘点，制订减薪计划和人员留减方案。通常，人才"九宫格"中的10、9、8、7是组织重点保留人员，他们既有稳定的绩效，还有发展的潜力；对于当下业务稳定的公司，保留4、5和2可提供业务连续性保障；对创业型、推出新业务或变革时期的公司，5和6就显得尤为重要，因为在不确定环境下更需要潜力型人才。

第五步：与员工进行坦诚沟通，尽可能降低减员降薪带来的负面影响，高效执行计划。

顶层思维之三："四位一体"的客户导向思维

每一次危机都会改变消费理念，催生新的生活方式，消费需求也会随之变化，企业的产品和服务也应当顺应这种变化。所以，以客户为中心的思维方式，在疫情之下更为重要。一个组织在以下四个角度产生相应的转变，才能真正建立客户导向的运作机制。

第一个角度是"提供什么"。

企业所有的产品研发、能力建设都要从客户需求出发，而不是从已有产品的生产能力出发。

格力集团10天就建立起口罩生产线，大规模生产和供应口罩；中石化加油站推出了卖菜业务，一举打入了生鲜领域。这就是现实版"提供什么"的"神操作"。

第二个角度是"如何提供"。

今天很多企业还在试图采用层级汇报的职能式运作方式，而市场环境已要求企业将这种切片式的内部职能驱动，转变成客户价值导向的横向、端到端的驱动。

第三个角度是"交付的质量"。

不少传统企业基本上是按客户的订单组织生产，再通过销售部门与物流部门发货，最后通过售后服务部门与客户互动。如果出现交付质量问题，再一级一级反向传递到相关部门，这种传递会割裂客户反馈，造成信息失真。

好的客户交互体验，应该是让每一个与客户接触的人，都能够在第一时间收集到客户的反馈，并尽可能及时处理问题。这就是数字化经营、数字化客户体验和管理的最新实践。

第四个角度是"损失处理"。

如何把一个组织真正变成客户导向的组织？最简单的方法就是，当客户面对损失的那一刻，改变你的应对态度。

大部分传统企业都会强调企业思维，即尽可能让企业的损失最小化，所以当其面对客户的损失时，第一反应是如何让企业损失最小。

但是，今天要在竞争的红海里构建品牌忠诚度，必须考虑如何让顾客的损失最小化。解决这个问题的办法就是在客户关切，同行规避的痛点上启动倒逼承诺，这是传统组织快速切换到以客户为导向的轨道上并有效运行的良好方法。

小狗电器是第一个提供全产品周期免费售后和更换服务的企业。正是这个颠覆行业统一做法的倒逼机制，使其整个售后服务费用只占销售收入的1%。更为重要的是，在年收入近10亿元的规模下，其全国的服务体系只需要几个人维护，并且连续6年位居淘宝吸尘器类销量第一，创造了小品牌远超大品牌的奇迹。

顶层思维之四：业务吸引力组合

企业无法应对突发危机，一定是其业务组合出了问题。下图所示业务吸引力矩阵展示的是如何将现有业务和未来业务进行盘点和重新决策。

商业觉醒

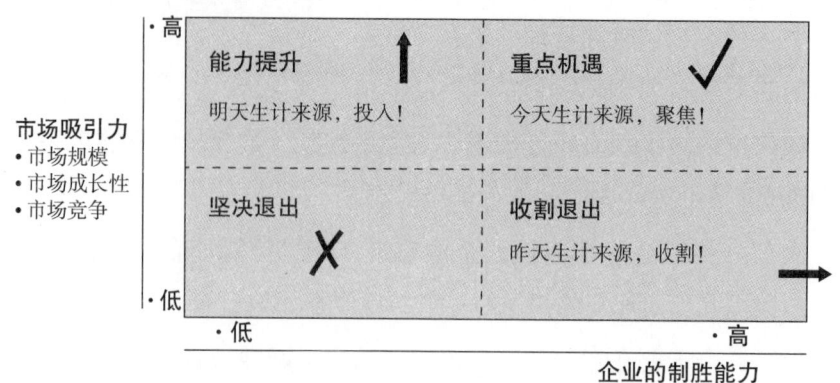

业务吸引力矩阵

一个具有高吸引力的市场应该有较大的规模、成长潜力，以及较少或适度的竞争。一家企业具备的能力在现有和潜在业务上也有强弱之分。

企业选择的业务组合应该是：全力开展"重点机遇"业务；从"收割退出"业务快速回收现金流，然后逐步退出；将回收的现金投入巩固"重点机遇"业务以及布局"能力提升"业务；对于"坚决退出"的业务，要毫不犹豫地关停，以避免对公司现金流和资源的再度消耗。

按照上述业务吸引力矩阵，重新调整布局现有业务，紧接着，需要做出以下决策。

（1）创造条件也要确保重点业务。疫情之下，冰火两重天。人与人聚集的业务收入暴跌，但维持生活必需的生鲜、零售业务收入却暴涨，外卖和电商业务已成为刚需。比如，北京某餐饮企业以最快速度在3天内开发了10个生鲜单品，在自有门店和网络平台推出外卖或外送业务，实现了从收入"挂零"到日进30万元的突破。

（2）对"坚决退出"业务实施"突然死亡法"。在现金流好的时候，企业也许还可以对"坚决退出"业务观望，但危机来临时，就可以对其断然实施"突然死亡法"。这或许会产生前期投入无法收回的损失,但至少不会拖累未来现金流,还可以释放被占用的资源。

(3)业务组合的合理性布局。"重点机遇"业务可以保证今天的生计来源,"能力提升"业务才可能是明天的生计来源,所以为了明天不陷入窘境,一定要提前布局"能力提升"业务。

顶层思维之五:企业家思维

一名真正的企业家应该具有强烈的危机意识,通常具备下图所示的六大能力。

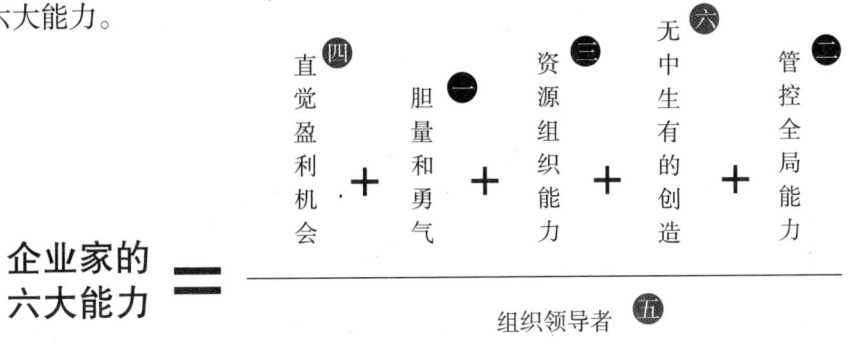

企业家六大能力

企业家思维包括以下内容。

(1)彰显企业家与生俱来的胆量与勇气。

(2)镇定自若,掌控全局,让所有利益相关者看到"定海神针"的力量和度过危机的希望。

(3)跨越组织边界,进行资源整合。

(4)保留静心思考的时间,用智慧、直觉去判断新的盈利机会。

(5)成为组织领导者,指引方向、凝聚团队、激励人心。

(6)进行"无中生有"的创造。中石化加油站将便利店迅速调整成生鲜门店就是典型的危机之下的"无中生有"。

商业觉醒

在危机之下，企业家最需要的是胆量与勇气、资源组织能力和掌控全局的能力，这样才能真正凝心聚力，把握新机会，进行"无中生有"的创造。

顶层思维之六："仁智勇"三脑启动

《中庸》有云："知、仁、勇三者，天下之达德也"。仁智勇是最大的智慧，也是启动我们的心脑、头脑和腹脑三脑合一，让我们进行全脑深度思考的重要方法。

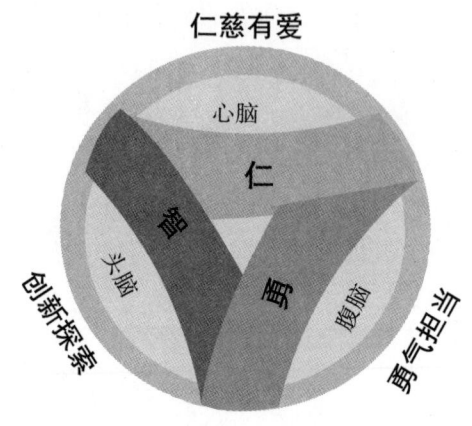

"仁智勇"三脑合一

只有用心灵的力量对他人仁慈有爱，慈而生慧、慈而生勇，我们才可能获得智慧去创新探索，在困难面前勇气担当。

疫情期间很多企业本身就在"流血"，但是它们仍然坚定地进行社会救助和捐献，甚至深入疫情前线，我相信今天的付出必能为它们未来的成长赢得各种力量。

以其无私，故能成其私。

服务社会，社会自会来成就你。

本文首发于《企业管理》杂志2020年4月刊，题目《企业应对危机的五个顶层思维》

7
重塑增长，企业必须要掌握的框架

企业都是由小变大，由弱变强的。在这个逐步提升的过程中，通常会遇到以下两个挑战。

第一，企业会从某个细分市场跨入更宽阔的大赛道，遇到的对手自然也就更大更强，竞争的维度和难度显著增加。

第二，企业曾经的创新产品或模式会遇到瓶颈，缺乏快速再增长的动力，需要改变和重塑。

于是问题就来了，经营环境不断发生变化，如何找到正确的增长战略？与增长战略相匹配的企业家能力如何跨越？

华为选择新赛道：进军汽车领域

在"缺芯"困境中煎熬的华为公司，2020年下半年突然宣布以2.5亿元注册资本成立新公司，正式进入一个新赛道。从华为新成立公司的主营业务上看，这次华为准备进军汽车领域。

华为公司在2019年5月29日就正式成立了智能汽车解决方案BU，就是做面向智能网联汽车的增量部件供应商，在智能驾驶、智能座舱、智能电动、智能网联、云服务等领域为车企提供智能网联汽车的增量部件。

华为并不直接生产汽车，而是利用自己的技术帮助其他汽车生产厂商生产更好、更智能的汽车，华为做汽车设备供应商。

在手机业务遭遇困境的情况下，选择切换赛道，加速汽车业务，无疑会帮助华为在持久较量中增加更大的底气。对目前的华为来说，只要还能活着，其他的一切问题迟早都能解决。

对华为入局汽车行业，很多业内人士表示看好，一是因为华为公司的技术积累，二是因为华为公司的执行力，只要华为确认要做，那么一定会做到最好。

华为横向切换赛道，这不是第一次。

我们不妨来看看当年的华为是如何崛起的。

华为最初是一家主业做B端业务的电信设备提供商，推出的手机业务多年来不温不火，2009年还差点以24亿美元卖掉，后因金融危机的突然到来没卖成。但从2015年开始，华为的手机业务大爆发。这究竟是为什么？

当时的手机市场，人们的关注焦点还在苹果和小米上。苹果手机，因为独一无二的系统和主打的身份象征，一直占据着消费者心智，但却因为昂贵的价格将很多人拒之门外。小米适时出现，通过饥饿营销和亲民的价格，很快拥有了大批忠实用户。

此时的华为，拥有中国最成功的"真正企业"的品牌光环，加之大屏手机又符合中国用户的心理预期，便快速占领了手机市场的一席之地。国货情结感染了越来越多的中国用户，华为成功了。

巨无霸华为如同所有企业一样，都要确保企业走在持续增长的道路上，只有增长才能积聚成长的势能，从而聚合成长的资源，构建成长的正循环。

今天，华为又一次拓展了增长赛道。除了拓展赛道，让增长实际发生还将取决于商业主张、增长战略、增长产品、增长路径、增长营销、增长组织、增长人才和增长新基建,这些布局将构成企业谋求增长的图谱甚或罗盘。下图为重塑增长模型。

商业觉醒
增长的大义名分和社会价值在哪里?

1. **增长赛道**
我们所处赛道是否还有增长空间?

2. **增长战略**
如何选择和制订高吸引力的赛道战略?

3. **增长产品**
靠什么产品力来实现增长?

4. **增长路径**
实现增长的公式、撬点和路径是什么?

5. **增长营销**
客户凭什么增加购买?

6. **增长组织**
用什么样的组织来促进增长?

7. **增长人才**
靠什么队伍实现增长?

8. **增长新基建**
如何用数字化红利来重构经营与管理的增长新基建?

重塑增长模型

就重塑增长的模型,我们展开进一步诠释。

1. 增长赛道

对企业来说,赛道选择是最重要的。如何看清赛道的增长可行性?怎样洞悉大赛道中的机会空间?这样的机会空间的本质是什么?对这些问题把握的程度,直接关系着企业的生死。华为手机业务的崛起靠的就是对新赛道的敏锐洞察,而且把握了电信设备与手机终端之间的本质同一:计算、通信和存储。华为在今天又一个成长中的寒冬选择进入汽车领域,无疑是在高收入规模基础上,跃入更宽增长赛道的奋力一跳。作者以为,这正是抓住了机会空间的底层本质同一性,这样,企业长期积淀的核心能力就可得以延续和发扬光大。

2. 增长战略

选好了赛道，就应该考虑用什么样的战略才能跑赢。需要考虑三大问题，一是你的努力点是不是对消费者最有吸引力的；二是你应该怎样做好当下和未来的布局；三是你的商业模式是不是多维的，到底能不能行得通。自以为是的"吸引力"绝对无法打动你想获得的消费群体。挖掘企业应该努力获得的"吸引力"要找准行业的细分机会空间和设定有针对性的战略。

3. 增长产品

事实上，任何一家企业都要有一个产品组合，这个产品组合里面的产品有些可能是真赚钱的；有些可能就是赔钱赚吆喝的，也就是用来竞争和提高占有率的；还有些纯粹是用来引流和吸引客户的。产品并不是越多越好，最重要的是要形成"爆品"，并逐步建立持续打造"爆品"的能力。

4. 增长路径

任何一个行业都应该有它的业绩公式，也就是业绩达成的路径。比如做ToC业务就遵循这样一个公式：业绩=流量×转化率×客单价×复购率。有了这样的公式，我们就能清楚地知道该如何布局，在每一个公司因子上去努力，从而达成想要的增长结果。但不同业务阶段遇到的主要矛盾可能是不同的，在这种情况下我们更要找到这个公式的突破性因子，这个因子就是增长的北极星指标。西贝开启电商新业务时，就遵循了这个业绩公式。西贝认识到自己当时仅有的300万粉丝无法支撑电商流量需求，因而流量突破就是主要矛盾。西贝最后找到的北极星指标是门店的搓莜面亲子活动的场次和人数，于是就有了门店年上万场活动，由此粉丝数陡涨到2000万，西贝年电商收入也达到了2亿元的规模。

5. 增长营销

营销应该回到目标客户的真实场景中去，所以增长营销首先就要重视客户洞察，只有真正了解客户的需求，才能找到对的营销模式，并在不断的尝试中，锻造出一把适合自己企业的营销利剑，如此才能实现持续稳步的增长。对今天所谓的新媒体矩阵，并不是说越全越好，关键是找到那个可以打穿的模式，哪怕只有一种，打穿就是力量。

6. 增长组织

组织常是棋盘中最活的那一个棋子，组织布局好了就事半功倍，否则就是事倍功半，甚至一事无成。所以，如何将组织的灵动性、员工的主观能动性，以及对个体的赋能性充分搭建出来就成为关键。

7. 增长人才

事为先，人为重，人才是真正让增长发生的根本因素。一家企业真正的驱动力不是企业领导者，而是领导者不在的时候企业能照样运转的力量。这就要求企业做到多维人才增长，不仅是培养、激励，更多的是要有良好的运行机制。

8. 增长新基建

不管是传统产业，还是新型产业，都应该思考在当今背景下如何用数字化红利来重构经营与管理的增长新基建；如何利用现代化、科技化实现企业运营中的客户资产量化和增值、经营和管理的量化和自动化，以及决策分析的精准化和快速化。

这八大增长布局互为支撑又密不可分。即以增长赛道、增长战略、增长产品、增长路径为四大支撑点；以增长营销、增长组织、增长人才为三大驱动力；以增长新基建为基础设施。

但无论怎样，在八大增长布局之上，一定要以"商业觉醒，向上向善"为企业长足发展的核心，才能让企业走得更远。

商业觉醒

解构10亿元规模实现100%年度增长的增长重塑

那是2007年，相比以往，这一年是IBM中国咨询业务取得最好成绩的一年。

当时IBM咨询服务的对象主要是外资企业和国有企业，主要表现为以项目驱动的传统咨询形态。通俗来讲，就是客户提出需求，咨询团队应标，然后交付，如此循环。

到了2008年，IBM总部直接下达了实现100%增长的目标。听到这一消息，所有人都震惊了，这简直是不可能完成的任务。要知道，以当时的规模，能实现50%~60%的增长就是奇迹了。

如何对增长实现重塑？咨询团队领导人开始深思熟虑，谋划战略。咨询提供的是解决方案，那么有没有可能超越这个行业共识发现新的需求或增长赛道？

当时的客户市场情况是，民营企业蓬勃发展的同时面临着战略转型升级的巨大压力。转型升级的方向，一是由粗放扩张向集约发展转型升级；二是由低端制造向高端制造转型升级；三是由拿来主义向自主创新转型升级；四是由传统竞争性产业向垄断性产业转型升级；五是由单一国际化向全面国际化转型升级。

面对利好的大环境和明晰的方向，转型升级已然成为民营企业最强烈的需求。IBM咨询的高管团队马上意识到这一定是个非常好的增长赛道。

随之而来的难点是如何设定可行的战略来实现增长。按照咨询企业的惯例，IBM咨询业务还局限于单一项目服务制，即按项目收费，只解决企业一个痛点问题或某个领域的问题。

如今，目标客户需要的是整体转型方案，这对当时的IBM来说，是一个新的尝试，更是一大挑战。

第1章 商业思维

其实，需要解决的核心点还是在于对客户的心理把握。究竟应该选择什么样的营销定位和价值主张去打动压力巨大又有些摇摆不定的客户呢？分析起来，真正左右客户购买决策的问题有三个。

第一，企业转型风险很高。当时民营企业面临的状况是"不转型等死，转型找死"。有太多不确定性因素，加之没有现成的案例和经验可循，所以第一个吃螃蟹的人一定是要承担很大风险的。

第二，转型周期至少三年以上。转型不是一蹴而就的，对企业来说，每走一步，都要慎重，万万不能走错。

第三，担心选错合作伙伴。企业希望有一个值得信赖的合作伙伴，可以帮助企业解决转型升级的核心诉求，并持续陪伴企业前行。企业最担心的是选择了错误的合作伙伴和错误道路。

基于这三点，便有了第二个洞察，IBM决定对有战略转型升级需求的企业提出"转型伙伴"的价值主张。所谓"转型伙伴"，就是将切片式的咨询项目整合成基于客户转型目标的整体解决方案，并用战略伙伴式的合作方式，与客户同行（如IBM与华为的合作模式）。

围绕"转型伙伴"服务的增长路径、营销方法及组织人才，由高级合伙人引领产品设计、市场开拓、客户销售，以及实施交付。很快，IBM的新服务就获得了客户的高度认可，并成为有转型需求的民营企业的合作首选。

那一年，IBM创造了奇迹。不但超额完成了总部要求100%增长的目标，还创造了中国咨询史上单个咨询项目卖出1亿美元的纪录。

IBM咨询之所以能实现增长重塑，离不开增长模型的八大模块。当企业面临增长困境的时候，首先应该想到是不是增长赛道出了问题。如果原有的增长赛道不足以支撑企业的增长目标，那么就真要考虑是否还有新的赛道。选择了新的赛道，就要考虑未来的增长战略、产品、路径、营销、组织、人才等方面的问题。

　　IBM咨询当时的成功是偶然中的必然，特别是这以下三点的成功重塑。

　　第一，对客户的深刻洞察。在发现原有增长点不足的时候，及时调整，深刻洞察客户尚未被满足的潜在需求，为成功找到了方向。

　　第二，开辟了一套新战略，定位销售"转型伙伴"价值主张，不打价格竞争，而是去比较转型价值呈现，以此碾压竞争对手，成功获得客户。

　　第三，组建转型"特种部队"。为了做好"转型伙伴"，迅速组建以合伙人为核心的转型团队，集中力量做标杆样板客户，为转型成功赢得好口碑。

　　最后，分享一个创业小故事。一个外地人来到一个小镇开了个加油站，第二个外地人来开了家餐馆，第三个外地人来开了家酒店，随后而来的外地人接着开了超市……这个小镇就这样走向了欣欣向荣。另一个小镇则不同，一个外地人来开了个加油站，生意很火，第二个外地人来了，也开了一个加油站，第三个、第四个、第五个外地人都来开加油站，最后开始恶性竞争，各家加油站靠打折、促销相互倾轧。

　　伟大时代造就了伟大的企业，这些企业都有一个共同点，就是它们练就了独到的眼光，并抓住了时代赋予的好机遇。现在正是一个非常好的时代，能否成就辉煌，就要看我们是否能把握住趋势和机会了。

→ 进入"商业觉醒大学"公众号"企业CT"栏目，开始"企业增长罗盘"测评

第2章 战略重塑

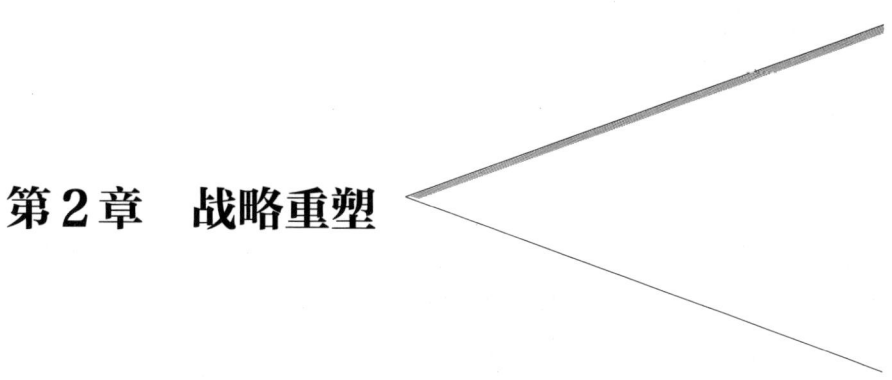

8

点子 ≠ 战略

有这样一个故事,当初王健林在决定是否战略进入影院业务的时候,与马云有一次讨论。马云认为万达不应该进入,理由是盗版问题与家庭影院的普及瓦解了到影院看电影的大市场;王健林则坚持"两个人谈恋爱会乐意后面坐着父母吗?"的判断。

今天的结果有目共睹:2014年中国电影票房总收入达300亿元,2015年一季度又增长了41.65%;万达院线2014年票房收入42.1亿元,2015年5月13日停牌前市值高达1371亿元。是不是有些惊人?马云不看好的业务,今天竟会市场井喷。这背后的逻辑是什么?

战略从"点子"时代进入"系统思维"时代

中国经历了30多年的超高速发展，上一代创业者都享受了中国经济发展的时代红利，第一代成功者应运而生。在这个成功的过程中，因为红利，所以商业机会众多，因为机会众多，所以"点子"就特别管用，因为"点子"管用，所以许多成功者在今天这个巨变与竞争加剧的时代，仍奢望"点子"能够点石成金。

如果转型期的企业掌舵人还将战略制订"外求"于外部"点子大师"的创意，那将会是一场灾难。

那么战略思维该如何塑造呢？陈春花教授在她的《经营的本质》一书中提出了关于商业模式设计的六要素观点：竞争中企业价值主张的提出；基于对细分市场深刻理解的选择与聚焦；资源整合与交付过程中的价值链网络规划；符合顾客持有成本和价值链的价值贡献而确定出产品与服务组合的最终成本；企业的收入模式设计；最终获得潜在的盈利能力。这六要素是战略的基本层面与战略思维的基本逻辑，简洁又实用有效。战略思维的另一方面是战略制订者的"软能力"建设问题。

战略从满足当下需求上升为引领趋势

几年前的中国电影市场确实容量不大，也确实面临盗版和家庭影院蔚然成风的现实。从当时的需求看，进入影院业务的确不是一个好的战略决策。但是中国进入中等收入国家行列以及中产阶级迅速崛起是另一个不争的事实，精神享受与文化消费的比重越来越高是大势所趋。

如果我们的战略认识还停留在满足客户表面需求的阶段，就不可避免地将陷入产能过剩和价格下跌的陷阱中。那么，如何捕捉趋势？趋势通常隐藏在以下表象中。

（1）消费认知的新想法。

（2）行业内少数客户应用产品的新实践、新效果。

（3）新的强力外行玩家的闯入。

（4）行业领导者开始大家看不明白的新"玩法"。

（5）新技术的出现。

（6）一直被奉为常识的东西在其他行业或其他市场正被打破。

（7）意外事件对行业的重大冲击。

（8）宏观环境的改变。

战略制订不能仅针对单节点事件，更不能"外包"

趋势只有被行业里最先觉察、并转化为公司战略的企业家把握，才有可能获得商业的成果与竞争的优势。但趋势在初期是非常隐性和模糊的，它隐藏在上述一个或几个表象中，需要战略制订者去捕捉。

（1）开启依据趋势把握战略制高点的思维模式，紧绷行业洞察这根弦。

（2）细心观察上述小概率表象事件，并尽可能到现场学习和感知。

（3）依据行业经验和直觉对表象事件做本质的抽离，判断会否形成行业趋势。

（4）按照战略思维的要素与逻辑进行商业模式的规划与设计。

对一个行业趋势的把握很有可能不是通过上述一个循环就能完全探究到的，所以战略制订绝不能等同于处理一个特殊时期的单节点事件，而更应是企业决策者的一种核心能力与企业运营的一个长效机制。这也就是为什么伟大的企业家大都将超过30%的时间投入到行业洞察与战略研究的工作中，而且把战略务虚与战略梳理的工作贯穿到企业运营的整年计划中。这中间可以有外部专家或顾问的建议、支持和

商业觉醒

帮助，但整个过程和最终的决断绝不能"外包"。

　　这也就能解释，为什么同为商业模式成功典范的阿里巴巴马云与万达王健林在是否做影院的战略判断上有所不同：一个是单节点的外部直觉判断者，一个是长期探究的内部关切者。

本文首发于《商业评论》杂志2015年7月刊，题目《马云都不看好的事，能成吗》

9

联想的"死结"

联想集团在一段时间里新闻不断,移动业务一泻千里,PC业务也萎靡不振。于是杨帅频繁换将,每一次都大造舆论,可业绩下滑的死结并无打开的迹象。

联想集团的问题究竟出在哪里?

我与联想的故事

故事1——20世纪90年代末,作为民族品牌迅速崛起的联想,PC业务稳居国内头把交椅,并将引以为豪的分销模式做得淋漓尽致。做系统集成的大小厂商都以成为联想的各级代理商为荣,身为创业者的我也梦寐以求,期望有朝一日能成为联想的代理。功夫不负有心人,在创业三年之后,我终于成了联想的代理商,回想当时那一刻还是非常激动。

故事2——2000年初,面对200亿元业绩多年无增长问题,联想集团大力推行向企业服务转型的战略,大举收购国内各式专业服务厂商。2001年年底,身为当时国内最著名的咨询公司的一员,我所在公司成为联想集团的三级子公司。也因为在该公司的出色业绩,我成了"2002年度联想50杰",亮晶晶的水晶奖杯至今还摆在书房显眼的位置,让我引以为自豪。

商业觉醒

故事3——2003年，在用户多年使用模拟手机产生极度应用疲劳时，联想推出了业界第一款带操作系统的手机，我迫不及待购买了人生第一贵的电脑手机。每次拿出来使用，都被同事嘲笑又大又土，但坚决捍卫联想品牌的我自然据理力争。

故事4——2005年，服务转型失败的联想，战略重回PC主业，并大举收购IBM PC全球业务，上演了"蛇吞象"的传奇，并因此登上PC全球"老大"的宝座，同时跃居世界500强。

故事5——"搭班子，定战略，带队伍"是柳总经典的战略九字诀，至今在各种企业管理课堂上被广泛引用。我也是柳总的虔诚推崇者，曾与柳总一起去拜访过北京当时最大的一个企业客户的董事长，柳总的领袖气质与儒雅风范我至今记忆犹新。

我们熟知的联想核心竞争力

正是这些或近或远的故事和情愫，使我尤其关注联想的每一个重大变化，也时不时捋一捋联想的核心竞争力，我以为联想的成功是基于以下三点。

1. T和R商业双模式

我们知道，PC的核心技术——CPU与操作系统——被英特尔和微软牢牢把控，技术对于PC厂商根本就不是关键竞争要素，大规模的市场和销售、产品交付、成本控制能力才是关键。所以联想集团将创业之初的"技工贸"定位转向了"贸工技"，以"贸"字打头，并开创了商业双模式，包括关系型客户模式（R模式）和交易型客户模式（T模式），前者发挥了联想传统渠道的优势，后者也弥补了直面消费者的戴尔模式。借助双模式，并购IBM PC后的联想势如破竹，一举奠定了行业的霸主地位。这个过程中，"贸"的战略贡献明显高于"技"。

2. 卓越业务运营

正是由于PC厂商间竞争的关键不在于技术，而在于交付的效率与成本，所以联想的"运营卓越"是全球领先的。IBM逐年亏损的PC业务在联想接管之后，硬是短时间内就做出了创历史新高的净利润。在杨元庆身边工作过的人，都对其超强的公司运营能力满口称赞。

3. 第一代创始人

柳总开创了联想，并从战略布局上将过去的联想引领至正确的赛道。在联想规模很小、尚未国际化之时就培养出了杨元庆这样的领军人物，"柳杨配"将"蛇吞象"的故事演绎到几近完美，教科书般地验证了"搭班子，定战略，带队伍"的战略经典。

行业演变之下联想的核心能力冲突

核心能力这个概念是由普拉哈拉德和哈默尔于1990年在《哈佛商业评论》提出的，菲利普·科特勒在其《营销管理》一书中提出了核心能力应具有三个典型特征：它是竞争优势的源泉，并能对顾客感知利益做出重大贡献；在市场上具有广泛的应用性；竞争者很难模仿。

公司的核心能力虽各不相同，但核心能力通常有三个构建方向：客户至上、产品领先、运营卓越。每一个行业领导者都在某一方向上具有绝对领先的核心能力，同时在另两个方向至少达到行业平均水平以上的能力。如下图所示。

三种核心能力构建方向

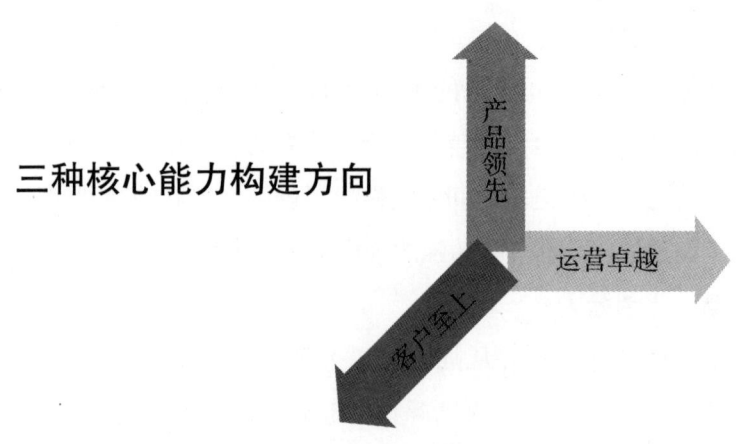

核心能力的三个构建方向

再看联想,"运营卓越"绝对是其核心能力,在整个PC行业,乃至全球企业界都是领先的。既然有如此超强的核心能力,联想又为何衰败?我们先看PC行业的时代背景。

第一,PC本是传统办公和互联网接入的唯一设备,但随着智能手机、智能终端的发明与普及,PC不断被取代,步入衰退是必然的。处于衰退边缘的产业,运营卓越不但不再是核心能力,反而会是转型突围的制约力。如故事3所讲,联想最先切入电脑、手机,却一次又一次错过PC+手机终端的各种良好机遇。因为"贸工技"追求立竿见影的效果,所以对"技"就耐心不足,投入不足。

第二,欲为行业领导者,所要承担的使命绝对不同于追随者,正如任正非所讲,华为登顶之后便进入了无人区,需要独立探寻行业的新趋势、新方向和新路径,并开拓新的增量市场。运营卓越又岂能担此重任?

第三,从已有能力去重构产品的逻辑再也经不起推敲了。但联想呢?用造PC的思维去造手机,失败了;用卖PC的模式去卖手机,贴运营商,也失败了;目前它又"压宝"在已经衰退的摩托罗拉身上,如此竞争充分的手机市场,还能有摩托罗拉的机会吗?

在趋势到来之时,能力要顺应趋势。当年乔布斯带领苹果公司从PC惊险一跳到智能手机,一举重新定义了智能终端和应用,开启了用户隐含的渴切需求,行业因此而改变,苹果也因此而辉煌。

所以,选择真正"客户至上"的核心能力构建方向,而不是"贸"字当头的产品销售式客户导向,联想的困局才有可能解开。选择推动新核心能力构建的领军人物与组织机制,也是联想的必要之举。

本文首发于《商业评论》杂志2017年6月刊,题目《联想的死结》

10
"心动"的战略才有效

　　管理有其固有的科学和知识体系，当然战略制订就必不可少地会用到一系列工具、方法和最佳实践。但同样的工具、方法和最佳实践，甚或同样的产业环境和相似的约束条件，为什么不同的企业和企业家制订出来的战略高下不同，有的很有效，有的又无效呢？我回顾了许多咨询顾问的战略规划，也亲历了诸多咨询案例，直到近一两年亲身走近企业家，全方位感知他们的情境并与他们发生碰撞，才明白上述差异的来源。

好战略是用心感知出来的

　　王总，第一代互联网知名公司的总裁，决定辞职创业。她选择的创业方向是做餐桌上的放心健康食品，并且自行打造互联网平台销售模式。在2015年，做生鲜电商，而且一上来瞄准的就是有机食品，还自建试验室和检测标准，战略步伐比较大，也很不被人看好。

　　出于好奇，我们走进了她的公司。她讲到，她决定出来创业，是因为她的宝宝，她希望她的宝宝能吃到绝对健康的食品，而且她希望与她一样的妈妈能呵护好孩子的餐桌，让孩子健康成长。讲到这里，我们能看到她眼眶里满含的泪花。当走进她公司自建的试验室，见到严格的检验标准和操作，更能感受到一个妈妈的认真和执着，心灵为之感动。

为了建立种植标准以更好指导农户种植符合她的平台标准，她还自建了有机种植试验基地。在这里，当我们吃到有机西红柿炒鸡蛋，味道浓郁的天然黄瓜，大家"哇"声不绝，口中全是儿时满满回忆和妈妈的味道，每个人竟都多吃了一碗饭。

正是王总这样的同理心驱动的定位和用心产品，使她的平台聚集了与她初心相同的百万妈妈，用她平台的产品呵护着各自孩子的健康成长以及家庭的食品安全。王总公司的销售规模也逐年高速成长，2020年已超过10亿元。

用心，你就能听到顾客潜在的需求，这个需求也许还深埋未被发掘，也许尚在市场初期，但好战略就是要把握趋势而不是简单迎合，否则你最多只是一名追随者，绝非引领者。用心，你就能挑战自己，用一切努力去创造满足客户需求的新技术、新产品和解决方案。

战略制订者的情怀决定战略的高度

大多创业者起初都是带着养家糊口、赚钱、过上有车有房好日子的目的去做企业的，这当然无可厚非。但问题是当企业做到一定规模的时候，当经营遇到瓶颈、战略需要升级的时候，我们往往发现很多企业决策者其实是制订不出好战略的。为什么？原因就是企业发展了，企业创始人和决策者没有与时俱进。格局与境界制约了他们的眼光与视野；缺乏企业家精神阻碍了他们的斗志；"人人为我"的想法阻隔了更多有志之士的追随与拥戴。

任正非要做"民族通信的脊梁"，曹德旺要"为中国人做一片属于自己的玻璃"，战略制订者的情怀直接决定着战略的高度与事业的

商业觉醒

深远。只有拥有伟大的情怀，才会去关注与聆听顾客真实的声音与需求，才能找到与顾客产生情感共鸣的纽带，才能有高远的理想、崇高的使命和烈焰般的斗志去奉献，也才能引领更多追随者共同缔造更大的事业。这也就难怪，战略制订归根结底还要取决于公司的主要决策者，因为只有他自己才能感知自己的真实情怀。

心与心的连接，才能让好战略落地

海底捞倡导服务制胜的战略，这意味着要让顾客获得意料之外的惊喜，要打造出各种超越行业惯例，甚至想象力的服务，否则顾客就不会为一般水平的火锅产品、高客单价的产品买单，这个差异化的战略定位就落不了地。

2004年，张勇带着他的简阳小伙伴和海底捞品牌来到北京发展。面对员工们战战兢兢不能自信融入北京的窘境，张勇提出了让员工有尊严地生活，于是就有了在海底捞开店区域为员工租最好的楼房作为员工宿舍，有洗衣机，24小时可洗澡、可上网。员工自信心由此陡增，同时更加认识到尊严来自企业的实力。于是员工们拼命服务客户，只有客户满意了，生意才会更好，公司也才有可能支付获得尊严生活所需要的资金成本。

企业真心对员工好，员工的心就会与领导者的心、企业的心连在一起，员工也自然会用他们真诚的心服务顾客，10000多种员工自发创造的联系顾客、创造满意的"变态"服务库就被用心打造和呈现出来了。这样，企业主、员工和顾客的心便产生了强连接和强反应，海底捞的服务制胜战略就得以完美实施和落地，生意兴隆水到渠成，好战略也就变成了好业绩。

所以，好战略不仅要依靠好的工具和科学方法来制订，也就是说，不仅要用脑，更需要用心，战略决策者必须去感知，然后用心与心的连接使之生效与落地。商业的本质在于人，回归到人心的战略才会更有力量和生命力。

本文首发于《商业评论》杂志2015年5月刊，题目《"心动"的战略才有效》，现对案例做了更新

商业觉醒

11

企业做大，必然多元化

2015年联想史无前例遭遇巨亏。2016年伊始，联想集团被批评死守PC行业，大量并购旧时代的品牌和公司，丧失了向移动终端和互联网转型的大好时机。

形成鲜明对照的是华为不仅在电信设备上成为全球"老大"，而且在智能手机业务上高歌猛进，2015年销量进入中国第二、全球第三，势头迅猛。2016年上半年，华为还高调进军PC领域，第一款华为笔记本电脑面世。

一个坚守PC行业；一个大胆地突破，从B2B电信设备提供商走向消费类智能终端设备玩家。我们曾经熟悉的"战略聚焦"理论还成立吗？

事实：鲜有单一化专注的大企业了

苹果：从PC起家，成就于智能手机，而后平板、智能手表、智能电视，产品每每让人眼前一亮，现在又开始了苹果支付，还要进入汽车领域。

谷歌：搜索引擎巨擘，而后发明了安卓手机操作系统，现在是一系列高科技颠覆性产品的创造者，生产无人驾驶汽车、智能眼镜、自动化住宅、太空电梯、智能手表、高空无线网络……

第2章 战略重塑

小米：曾喊出"专注、极致、口碑、快"互联网思维七字诀的代表企业，早已不专注于起家的手机业务，而广泛进入小米盒子、路由器、插座、手环、净化器、家装、PC等各个领域。尽管后续产品做得都不够好，但已绝无可能专注回手机业务。

格力：以"好空调，格力造"而深入顾客心智的品牌厂商。打开京东，输入"格力"二字，显示的搜索结果包括空调、热水器、取暖电器、净化器、干衣机、除湿机、加湿器、风扇等一系列生活电器。2015年董明珠还推出了格力手机。

对定位理论极为推崇的加多宝集团，在凉茶品类之外，开发了"昆仑山雪山矿泉水"，只不过没有沿用加多宝的品牌。

在今天，综观成长起来的大中型企业（年销售规模10亿元以上），确实已很难找到传统"战略聚焦"理论指导下只经营"单一业务"的企业了。

原理：产业与产品发展有生命周期

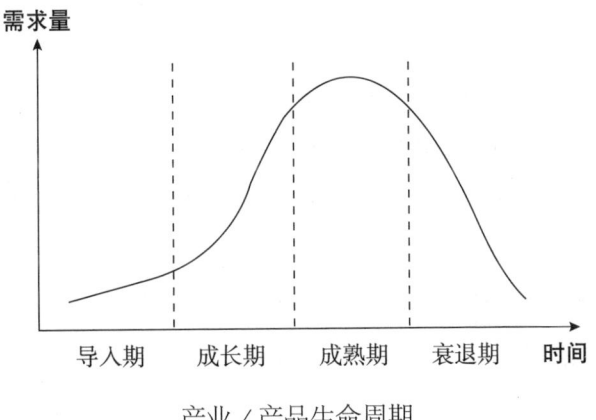

产业／产品生命周期

59

这张关于产业周期（也适用于产品周期）的示意图我们都很熟悉。它提醒我们，作为战略洞察者或战略制订者，必须清晰地认识到所处产业或所经营产品的生命周期，并采取相应的战略举措。比如，产业或产品处于培育或导入期，这个阶段往往风险比较大，考验的是决策者的战略眼光，看决策者是否能看见机会并果敢地投入。进入产业或产品的成长期，领先商业模式及商业模式不断升级就变成了战略的重点。进入成熟期，兼并收购往往是较好的战略举措，由此可快速构建竞争优势。但恰恰就在这个生命周期，企业多会开启"多元化"——有的沿着原有产业进行前向或后向一体化的并购；有的干脆进入新领域进行收购，于是企业规模发生了快速倍增。一旦进入产业或产品的衰退期，优势企业要么早就转型到新的领域，要么坚定地开始了向新领域的转型，于是得以生存或更好地发展。

事实上，实践中的领先企业家绝不会到了成熟期或衰退期才开启"多元化"，他们可能在快速成长期就已经开始培育或进入新领域。这是他们先天的危机意识与直觉使然。恰恰就是这样一批企业家，带领着企业闯过了一关又一关，扩大规模，进入更大企业的行列。

开启"多元化"的核心逻辑

1. 要对产业价值有清晰的判断

如前所述，不同产业或产品的生命周期不同，决策是否多元化的紧迫程度和必要性也各不相同。在衰退期开启多元化自不必说。对成熟期，应该有战略预判：这个产业有没有规模天花板？企业的战略目标是做大做强还是追求小而美？这个产业有没有被突破和演化的新空间？如果答案都有利于坚守，那么选择专注会是最好的战略。回看联想集团，在PC行业早已步入下行的背景下，联想依然选择坚守，战略是很成问题的。至于产业或产品的上升期，选择专注、不断扩大规模和份额会是较好的战略选择，但规模大花板仍为是否转向多元化的重要考量因素。

2. 优先"相关多元化"

企业成功=战略×组织能力，可以落地的多元化战略才是可行的，组织能力的建设绝非一蹴而就，特别是跨度极大的"非相关多元化"对组织能力的要求极高，成功的案例很少。所以，选择在原有主业的产业价值链上进行前向、后向或一体化的多元化，成功的概率会比较高。华为进入智能手机终端业务就是一个成功的"相关多元化"案例。这种产业链扩展的方式，还有可能开辟富有想象力的新的产业空间，比如说一家做饲料添加酶制剂的企业，其现有酶制剂的想象空间就是10亿元级的规模，如果它后向多元化到生物技术，产业规模将倍增至数千亿元乃至万亿元的规模。

3. 人才优先于"多元化"

战略组织能力的关键因素在于多元化后对新领域的领军人才和核心队伍的需求，这往往在传统主业队伍中是很难获得的。所以欲开启成功的多元化战略，人才应该优先于业务战略，相应的激励机制也是相当必要的。这是很多多元化企业取得成功的核心秘诀。

现在来看，选择"聚焦战略"还是"多元化战略"，分水岭就很明确了：在一个处于上升期并有着发展想象空间的产业，专注是必要的和最有效的；一旦产业进入衰退期或遇到规模天花板无法突破，多元化便是做大过程的必由之路。

本文首发于《商业评论》杂志2016年3月刊，题目《企业做大，必然多元化》

12

战略思考，快与慢

王总在生物科技领域潜心耕耘多年之后，突然决定养猪了。王总这一大跨步的战略转移，着实惊倒了私董会的董事们，连我这个教练也不免讶异。"也许这只是他一时兴起，企业家们常这样"，这么想着，也就没再关注了。

两个月后再见到王总时，满脸喜悦的他告诉我们：他的养猪业务已有了很大的进展，目前已经拥有6个猪场，2000多头母猪，这意味着下一年的出栏猪销售额将会达到1个亿。王总的企业俨然已是有一定规模的养猪企业了。动真格了，还步子这么大！看来我得找机会和王总单聊，了解他真实的战略意图。

走进王总的办公室，简短寒暄之后就被他拉入正题："李老师，今天请您来，想请您帮我从战略顾问的角度，看看我的养猪业务有什么问题，我是否该持续发力，将来该走向何方。"

那么，让我们来一一梳理该如何对一个新的战略方向的逻辑和框架进行预判。

下图就是战略预判的思维框架。

第2章 战略重塑

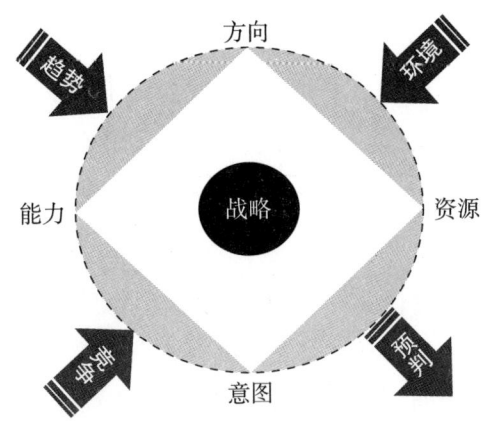

战略预判的思维框架

战略预判：内部因素

战略的本质就是在意图之上，基于能力与资源的约束，对未来方向做出的大胆选择和决断。

1. 战略即意图

意图是一个战略制订者之于其组织的动机，它是一个组织形成并存在的源点，更决定了一个组织的终点。往大里说，就是稻盛和夫老先生所说的"大义名分"；往小了说，就是"起心动念"。在今天的时代背景下，机会不再遍地都是、俯拾皆是，需要深度洞察、直抵人心才能触及，战略制订者的意图便是企业发展的分水岭。或如稻盛和夫先生那样"追求员工物质与精神双重幸福，为人类做出贡献"，受世人称颂。也或如很多企业那样风波不断，备受诟病。意图之于战略，是魂，是明灯，它将直接决定你能否有高度、有境界地去捕捉和把握住最佳战略方向。

2. 能力与资源

一方面，能力与资源是战略的约束；另一方面，它们又是战略的必要条件，是达成意图与战略方向的支撑。在今天这样一个开放与大同的世界，战略制订者更应该打破企业的边界去看待能力和资源。整合、系统和平台的思维，将是最正确的姿势。能否真正认识企业的能力和资源对你的战略意图能否产生连接力并与他人发生共鸣相当关键。

3. 方向即赛道

选择在什么产业、产业的哪个细分领域去发展，是公司战略的核心和关键，最考验一个战略制订者的战略素养。

那么，战略的方向该如何去感知与洞察？"直觉！"相信不少企业家会毫不犹豫地回答。我想说的是，这可能只是对外的标榜和炫耀。其实，面对每一个战略选择，在决断的过程中，决策者一定经历了辗转反侧的煎熬。著名心理学家、诺贝尔经济学奖获得者丹尼尔·卡尼曼在其专著《思考，快与慢》中谈道，"快思考存在成见，在很多特定的情况下，易犯系统性错误""一些至关重要的任务却只有慢思考才能执行，因为这些任务需要付出努力和控制自我，由此方可抑制快思考产生的直觉和冲动"。

战略预判：外部因素

理性而又深刻，基于产业机会的战略方向洞察思维应当是怎样的？

1. 趋势洞察

要前瞻性地捕捉到行业的趋势以及趋势的变化。行业趋势总是产生在未明朗之中，逐步渗透到一个行业的各个角落，最终成为常态与固有的特征。行业趋势往往架构在整个社会形态、生产形态与消费形态的趋势变化之上，所以，一个好的产业趋势洞察者，更应是社会生态洞察者。以家居产业为例，当互联网平台、全屋定制、拎包入住成为行业趋势，优势企业纷纷"上天"去做整合者的时候，有另一个现实被忽略了：

中国整体制造业水准上不去、工匠精神还未深入骨髓。基于这样的洞察，你会发现，发展实业，或者专注于极致的产品和服务同样是有希望的战略方向。"天上"的公司必将依托"地下"的实业，二者相生而存。

2. 战略环境

一个产业所依托的政治、经济、人口与社会的宏观环境，将对战略方向的选择产生影响。

3. 竞争

产业洞察中，战略制订者不仅要关注常规的业内竞争者，更需要预估潜在的外来竞争者。"外行打劫"已在诸多行业上演，特别是那些带着资本和互联网背景的"外行"常常将很多传统行业彻头彻尾地重构。面对这个趋势，打破边界、跨界创新也成为必备的战略思维和逻辑。

由此，基于内环的企业意图、能力和资源，以及外环的产业趋势、环境和竞争，我们就可以做出对一个战略方向的预判或假设，这就是战略制订与思考的逻辑，也是支撑我们直觉决策的那个理性的"慢思考"。

固然重大决策最后是在直觉的"快思考"下做出的，但这个"快思考"恰恰是在长期"慢思考"基础上最终形成的正确结果。所以"快思考"更应该是"符合逻辑的直觉"，这个符合逻辑就是"慢思考"，没有长期养成的"慢思考"素养，就不可能有关键和重大时刻的"快思考"直觉。

本文首发于《商业评论》杂志2017年3月刊，题目《战略思考，快与慢》

商业觉醒

13

如何像西贝餐饮那样玩转趋势、领跑行业

后疫情时代，西贝餐饮做了什么

2020年，西贝餐饮曾因涨价一度被推到了舆论的风口浪尖，那么，后疫情时代，企业的发展之路在何方？

早在2015年，西贝餐饮的"掌门人"贾国龙就已下定决心做快餐，并建立的自己的快餐团队。彼时的他曾公开表示，"餐饮业的最高境界其实是做快餐。把一项创新大规模复制到全球才算做企业，只有做快餐才能把西贝推成国际大牌。"2020年6月，西贝餐饮与快餐品牌小女当家达成入股协议。一直以来，贾国龙从来没有放弃涉猎快餐领域。

在2017年10月14日，贾国龙宣布暂停西贝麦香村业务，开始布局外卖。2016年6月到2017年年底，西贝在饿了么外卖营业额翻了15倍，从一个月100万元营收发展到一个月1500万元营收。2017年，西贝整体外卖营业额已经突破4亿元。2020年新冠肺炎疫情严重期间，西贝的外卖业务营收更是占据了总营收几近半壁江山。

2020年2月，在自曝"撑不过三个月"生存危机之后，西贝莜面村迅速改造厂区、调整设备布局、编制手册和试制产品，获得北京市场监督管理局首张食品生产许可证电子证书。短短十几天，西贝将中央厨房升级为食品生产车间，将烹饪食材制成预包装产品出售，从生产堂食菜品

转为供应老百姓餐桌的半成品，迅速适应疫情期间市场终端需求。

2020年5月，贾国龙率领西贝高层考察金锣集团，洽谈"西贝中央厨房"项目，并表示希望与金锣集团开展深度合作，联手打造"西贝中央厨房"，探索健康肉制品的安全供应新模式。

2020年8月，北京盒马十里堡店的餐饮区内，出现了一辆写有"贾国龙功夫菜"的手推车。西贝莜面村经典的酸汤莜面鱼鱼、西贝手扒肉、蒙古牛大骨等菜品，以包装食品的形式被销售人员叫卖。除了盒马门店，消费者也能通过盒马APP、西贝功夫菜小程序、西贝甄选，以及京东天猫等平台购买到这些菜品。实际上，贾国龙功夫菜是西贝今年针对零售渠道开展的新业务，已开通了小程序、微信公众号等推广平台。西贝也借助每日优鲜等电商平台售卖预包装菜品。事实上，2020年5月，西贝就正式发布了"贾国龙功夫菜"的规划，预计其年营收将超过10亿元。当时有分析称，"贾国龙功夫菜"承担着西贝第二增长曲线的重要任务。

为什么西贝餐饮的每一步都走对了

从业界最先布局外卖，并收获外卖占比10%~20%的收入结构红利，到较早试水电商，成立专门团队，在2019年达成2亿元销售收入，并获得2000万粉丝，几乎是行业里绝无仅有的。再到构建超级厨房工厂，试水功夫菜大规模化烹制，进军零售的节奏。至于快餐业态，则是自由零售终端的探索和向往。这一步步布局，西贝餐饮看准了各时期餐饮的趋势并布局把握。

快餐具有快速供应、即刻食用、价格合理的特点，是满足人们日常生活需要的大众化餐饮形态。从市场消费需求来看，近年来，尤其是中式快餐，出现了前所未有的繁荣，营业额年增长超过20%。快餐的快速、方便、标准化、环保等特点，已成为未来不可或缺的主流餐饮模式之一。

然而在疫情的寒冬之下，快餐或外卖业务受限于服务半径和订单时间，对餐饮企业的营收增长只是杯水车薪。因此，西贝餐饮瞄准了菜品零售化业务，将中央厨房迅速改成食品生产车间，加快对"餐饮+零售"的新商业模式的探索与尝试。

早在2017年年底，西贝莜面村就已经开始布局餐饮零售化，成立了西贝甄选线上服务商城，依托30年成熟的供应链体系，为消费者提供堂食之外的食材商品。在售产品包括西贝特供牛羊肉、五常大米、蜂蜜等门店同款，以及西贝采购团队在内蒙古和新疆等地长年考察选配的应季蔬果，由此逐步打开餐饮零售化市场后，西贝开始用到家功夫菜这一品类布局方便餐饮，丰富自有零售渠道。

尽管贾国龙也表示，目前所做的这些都是西贝的尝试，但是不难看出贾国龙对餐饮业的未来有着独到的眼光和精准的锚定。

未来餐饮业发展的三大趋势

一个行业发展的推动力，往往来自有洞察、有创新、有责任的头部企业。从西贝的过往我们不难看出，西贝餐饮似乎每走一步都踩对了点儿，这当然并非偶然。

通过多年对中国餐饮企业的深度研究，道可智库凝练出餐饮行业发展的三大趋势及升级模型，如下图所示。

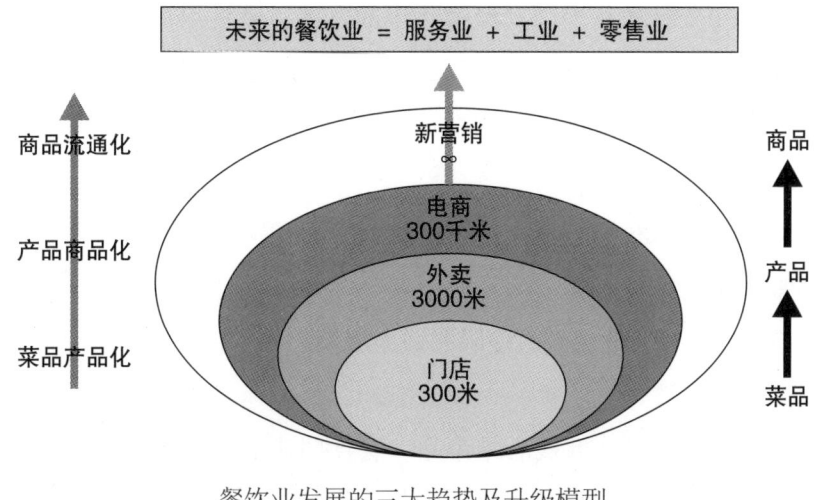

餐饮业发展的三大趋势及升级模型

趋势一：突破外卖的3000米限制，发展"电商+新零售"模式成为必选之路。

最初的餐饮业，是以门店为单一模式的服务行业，而门店以服务周边300米至500米的人群为限。2014年，随着3G时代的到来，外卖开始被越来越多的人接受，餐饮业也突破了地域限制，实现了3000米覆盖。

以线下门店菜品及服务为核心体验，通过线上外卖拓展3000米以外客源已然成为现在餐饮业的主流模式。然而，在外卖高度发达的今天，餐饮业将如何突破3000米限制呢？

我认为，发展"电商+新零售"的模式才能让餐饮业做到真正突破限制。中国电商的迅猛发展，已让电子产品、服装等行业获得了红利，而餐饮行业在电商时代对发展模式的探索显得有些落后。

直到2017年盒马鲜生出现，第一次让餐饮业与新零售实现了融合。盒马是超市，是餐饮店，也是菜市场。消费者可到店购买，也可以在盒马APP下单。盒马最大的特点之一就是快速配送，即门店附近3000米

商业觉醒

范围内，30分钟送货上门。经过几年的发展，盒马用户的黏性和线上转化率相当惊人。相关资料显示，盒马鲜生线上订单占比超过50%，营业半年以上的成熟店铺可达70%，而且线上用户转化率高达35%，远高于传统电商。

盒马取得的骄人业绩，让传统餐饮业开始思考如何在电商时代结合新零售，真正实现突破。

趋势二：餐饮业突破时空限制做大规模的根本在于如何将菜品转化为优质商品。

我们知道，餐饮的核心是菜品，餐饮门店的价值在于让菜品具备了产品属性，可以提供给市场来满足人们的需求。但是因受到生产人员、服务人员、服务地域及服务时间等限制，门店的菜品很难产生量的突破。

在电商时代，盒马鲜生的模式，满足了更多消费者的隐性需求。盒马鲜生创始人兼CEO侯毅表示，盒马主要提供三类服务。第一，对晚上大部分时间在家的家庭用户提供服务；第二，基于办公室场景推出便利店或轻餐；第三，对周末带孩子去超市的用户提供服务。

很显然，这样的服务对传统餐饮业来说是一种"截流"。突破的模式之一，是近几年出现的半成品菜。半成品菜不同于成品菜（外卖），所有的食材切好、配料配好，顾客买回家后可直接烹饪，省时省力，颇受生活节奏较快的年轻人欢迎。这也是目前很多大型餐饮企业正在做的调整和改变方向。

同时，对餐饮企业来说，生产出供应充足且优质的半成品菜，对中央厨房的品质严控和操作标准化，是一大考验。毕竟，"半成品菜"其实是"预加工过的食材"，对消费者来说，食材质量很重要。

趋势三：未来餐饮业的属性更加多样化，一定是"服务业+工业+

零售业"的集合体。

餐饮属于服务业，服务的本质是卖体验，也可以说，餐饮经济其实是一种体验经济。这种体验是五大维度的综合体，即菜品、环境、服务、价格、客户关系。前四大维度很容易理解，而真正能做到第五个维度的企业却屈指可数。

在客户关系上，海底捞是做得最好、具有标杆性的品牌之一。海底捞自1994年从四川简阳起家，历经20多年的发展，于2018年9月成功登陆"香港交易所"，截至2019年10月，海底捞市值已突破2000亿港元，成为名副其实的火锅界龙头企业。

海底捞今天的成绩，有很大一部分来自其"变态"服务。顾客排队等位时，服务员会送上小食与饮品，并提供美甲、擦鞋等服务；顾客用餐前，服务员会送上手机包装袋，并主动为长发的女顾客提供橡皮筋；顾客用餐结束，服务员会送上口香糖、薄荷糖；顾客离开餐厅，服务员会主动开门、按电梯。若是一个人去海底捞吃火锅，服务员会放一个公仔与顾客做伴。

出乎意料的周到，让每一位到海底捞用餐的消费者都真正感受到了店家发自内心的关照。这就是在客户关系上做到了差异化，也形成了海底捞的竞争壁垒，很难被其他企业复制。

对餐饮企业来说，从服务业的本身寻找突破点已然并非易事。更多的头部餐饮企业已经开始了另辟蹊径的尝试。诚如西贝餐饮，开始在食品工业和零售领域布局。

餐饮企业未来的突破点势必要跳出服务业，走向工业和零售业。工业的属性更多体现在餐饮业的中央厨房、半成品菜上；零售业的属性则体现在把菜品及相关产品变成了成品、商品。与此同时，对更多企业来说，最需要思考的是在电商时代，餐饮业如何发展才能更好地应对食品、食材生产流通领域带来的竞争和冲击。

时代的发展必将带来行业的改变。对餐饮企业来说，如何抓住风口机遇、修炼核心内功、重塑企业竞争力已然成为餐饮企业必不可少的维持经营与长久发展的关键。

延展到其他领域，怎样快速洞察新趋势下产业发展新机遇

透过现象看本质，每一次行业的进步与发展都会有某些相似之处可以被借鉴。作为一名企业家、经营者、领导者，更应该学会洞察与把握各自所处产业发展的新机遇。

这通常需要从以下三个方面去把握。

1. 找特性

餐饮属于服务行业，那么服务行业的特性是什么？可能有人回答是体验经济。那么体验经济的本质又是什么？前文谈到过，产品、服务、环境、价格和客户关系构成了餐饮体验的五大维度。这样就能抓住餐饮行业的特性，从而做出高顾客体验感的差异化来。

华为是从做电信设备出发的，为什么敢从To B市场跳到To C市场做手机和终端呢？华为当初进行战略决策时就是因为他们找到了两者相同的特性：通信、计算和存储，于是这个跳跃就发生了。

那么你所处行业的特性是什么呢？

2. 抓本质

每个人都有自己对一个行业的理解和认知，然而，作为企业领导者，只有洞察行业真正的本质，才能快速精准地预见未来发展趋势。

让顾客觉得好吃，是餐饮业的本质。但是又有多少从业者坚守了对这个本质的追求？现象是幻彩的，本质往往是简单的。西贝一直坚守"好吃"战略，从食材和烹饪工艺出发，最终摸到以厨师队伍为核心

的西贝之路，坚守本质，力求让顾客"闭着眼睛点餐，道道都好吃"。

3. 摸规律

趋势的演变是有着某种规律的，也往往是从隐含走向明朗。一名领袖企业家就是要在隐含之处去洞悉把握趋势。多年前，张瑞敏讲过这样一句话，"当能见度只有50%的时候，看得准并且抓得住就有暴利可图；如果能见度到了80%才动手，最多获得平均利润；如果能见度已经到了100%，就只有等着亏本了"，说的就是摸规律的重要性。

前文谈到的餐饮三大趋势，就是餐饮行业演变的规律，这个规律其实也正印合了整个商业演变的规律：从以产品为中心，到以客户为中心，最终走向以数据为中心；从线下，到线上，再到线下线上融合。

所以"找特性、抓本质、摸规律"，三项功夫可以让你更好、更早看清行业或产业趋势，从而准确抓住一轮又一轮机遇。

本文首发于《企业管理》杂志2020年11月刊，题目《从餐饮业发展趋势说开去》

商业觉醒

14

线下的好日子来了

最近几年的互联网"江湖"热闹得很,一边是风生水起:京东在先,以43.1亿元战略入股永辉超市;随后阿里巴巴以283亿元战略投资苏宁,成为其第二大股东,苏宁将以140亿元认购不超过2780万股阿里新发行股。两笔联姻的双方都声称要大力发展O2O模式。

另一边是非议纷纷:顺丰投资10亿元孵化的O2O业务"被宣告"失败;同一时间,硅谷资深人士称,O2O已到顶峰,达到下滑拐点。奇怪了,无论中国还是硅谷,一家像样的O2O公司都还未诞生就进入下坡段了!?O2O有没有未来?还是O2O本身就不成立?

现状:"天上"的互联网公司找到了落地的路径

从互联网思维到互联网+,一时间互联网概念被炒得沸沸扬扬,不明就里的传统公司被黑色情绪笼罩得严严实实。

我的服务对象里有很多来自制造业的中型或成长型企业,以我对传统行业的了解,我认为传统企业完全不必悲观。我常讲,根本不用担心,只要抓住极致的产品(对制造商而言)或极致的顾客体验(对服务商而言),企业都会发展得很好。互联网努力去"加"就是了,商业的本质并没有变。

互联网的逻辑是，首先消灭那些不增加顾客价值的中间环节，让顾客和供应商通过互联网进行短链运作，由此打通产业链，构建起基于互联网模式的新型基础设施。这个过程中，顾客的传统消费习惯会悄然改变，对线上购物习以为常。

按照这样的逻辑，新兴的互联网公司直奔电商平台，托起了一批如日中天的"天上公司"。对于消费者来说，"天上"固然带来全新的消费体验，但其对货真价实的产品与服务的追求仍会始终如一。这时，拥有"热钱"、急需变现的互联网公司开始寻求与品牌制造商和服务商的联合——要么收购，要么战略合作。反过来，实力强大又锐意革新的传统公司也会收购或联合"天上"的互联网公司。

这就不难理解京东携手永辉、阿里联袂苏宁的故事了。两类公司的路径非常明显：互联网+，加什么？加传统产业；传统产业+，加什么？加互联网。最终是谁也消灭不了谁，相生相伴，共同发展。

预言：生态圈重构，战火将烧至消费空间争夺上

上述两步是否就完成了互联网和传统公司的重新布局呢？非也！

客户是企业竞争的终极目标，每个企业都希望低成本获取客户并牢牢地黏住客户。但现实是，线上取悦客户的成本太高，留住客户的代价更大事实上，"天下已经没有好做的生意了"。这时，产品与服务提供商就能够避开昂贵的线上渠道，利用线下传统渠道，到顾客消费发生的各种场景中，用最近、最直接的手段取悦并留住客户。于是，形形色色的新型"终端"或"门店"应运而生，或直营或加盟，或实体或虚拟，或专卖或混业……总之是环绕在最终消费者周围，用人与人、心与心的沟通与其发生连接。业态似乎还是传统的业态，但交易与服务升级了，进入全新的互联网运营模式。

商业觉醒

　　如此的变革已逐步发生在我们的周围。可以想象：儿童家具大量在幼儿园出售；炒菜在办公室完成；超市到食堂售卖商品，并送到你家楼下专属于你的柜子中；夫妻店会成为众多商品与品牌的发展对象……

　　那么问题来了，如此好的生意，巨头们能不察觉？一定会的！所以下一个争夺的布局点会在最靠近消费者的消费场景和消费终端上。这就不难理解京东曾签约10000家便利店；阿里巴巴盯住农村市场，期望建立1000个县、30000个村级电商店。回过头来再看顺丰的嘿客，我认为它本可以不失败的，只要它抓住这个机遇，不断打磨与调整，直至迎合顾客的痛点，一定大有机会。只是从战略路径上看，一个商业模式在未得到验证之前就大规模扩张，是其最大的风险。更为可惜的是，这种错误也反映在后来的顺丰优选上。

结论：O2O不够，O+O才有未来

　　O2O，Online to Offline，抑或是Offline to Online，都不能构成消费者或产品与服务提供商所需要的全部。它唯一的价值在于对不依靠产品或服务盈利的公司，也就是生来就在天上的互联网公司，把O2O炒得越热闹，就越容易会把你引至"线上多么多么重要"的思维中，于是你就会越来越深地被绑架在线上平台上。可是，互联网公司靠平台挣钱，你不是！

　　对支撑国民经济的广大制造商与服务商来说，要回到产品与服务本身的价值上来看自身的商业模式，O+O，线上+线下，才是的出路。拥抱互联网，但更要强化线下的营销，改造升级消费场景与消费终端。越是紧贴顾客，越是注重顾客价值，传统企业才越有未来。

本文首发于《商业评论》杂志2015年9月刊，题目《线下的好日子来了》

15

为年度规划"把脉问诊"

每年的第四季度,正是"总结今年,规划下一年"的时节,面对生意难做、经营艰难等问题,很多企业这时都开始规划下一年的大事,动用全公司之力,且以持续数周或数月的时间来完成。

过程中,有的企业还会邀请外部专家和顾问对企业"把脉问诊",帮助企业进行"年度战略解码",于是笔者每到年底总是在各企业之间奔走繁忙。

给一个企业做"战略解码",需要深入了解企业的过往脉络。最好的办法就是了解企业过去三年的规划以及这三年中每个年度的目标达成情况,从中可以快速掌握这家企业的几方面重点:一是过去三年的重心在哪里;二是企业达成战略的套路在哪里;三是企业三年积累下来的优势、劣势分别在哪里。

分析这些重点的目的不是为了"揪辫子",而是要了解企业抓主要矛盾和矛盾主要方面的能力。

我请企业家和企业团队去细究这些问题,最终得出:只有在规划抓准主要矛盾和矛盾的主要方面,且执行过程中盯得紧的年份,企业才经营得好。

任正非带领华为持续成长的过程中,谈得最多的就是华为面临的主要矛盾及矛盾的主要方面。今天的华为在技术创新上已从"追随"者走向"引领"者，此时更需要"从无到有"的创新和领袖气质，当然面临的风险和困难也就更大了。

从行业生命周期里抓主要矛盾

分析一家企业的主要矛盾，绝不能闭门造车，要回归商业环境和行业背景中去，其中最重要的方法是从行业生命周期里抓主要矛盾。

1. 导入期

导入期是新技术以产品、模式呈现的探索期和验证期，具有极大的不确定性，所以收入和利润绝不是这个阶段的主要矛盾。

核心人才、用户沟通、产品验证和资金保障才是企业在导入期中应抓住的主要矛盾。例如，很热门的区块链技术本质上仍处于导入期，守住了、夯牢了，才有可能存活到下一个周期。

2. 快速成长期

进入这个阶段的产品和行业，面临的主要矛盾是如何与市场增长速度同步。通常进入这个阶段的行业或产品要有50%、100%甚至更高的增长速度，获得规模和市场占有率是这个阶段的战略重心，公司倾尽全力聚焦此阶段来获得增长也不为过。如今的抖音就处于此阶段。

3. 成长期

进入此阶段的产品和行业的增长速度开始慢下来，行业竞争逐渐激烈。企业面临的主要矛盾就是既要有适度的增长规模，也要开始关注利润。

同时，立足于前瞻性领导地位的企业，可以寻求第二曲线的部署和开发。

4. 成熟期

成熟期的市场竞争更加激烈，企业出现增长缓慢或以个位数增长的情况，需要精细化管理和追求利润，回笼资金是企业应该抓住的主要矛盾。

对处于行业"霸主"地位的企业，借助资本开启行业并购整合也是最佳选择之一。资本以及并购后的整合管理能力是企业的主要矛盾和战略诉求。在这个阶段开启业务转型的第二曲线仍为时不晚。

5. 衰退期

这个阶段是非常低迷的时期，比如，经历短暂繁荣的共享单车，还没到青年期和壮年期就快速进入了衰退的重整期。这时，对行业而言，守住现金流，"活"到下一个周期的新回转就是抓住了主要矛盾。

行业处于衰退期时，企业应该思考的是如何保持健康的现金流，以保证在这个周期内不会"死"掉。通常来讲，这个时期启动第二曲线业务为时已晚。

我基于多年对多个企业的长期跟踪和辅导经历，总结认为企业遇到的主要矛盾通常有以下六种。

（1）业务模式创新。

通常发生在导入期或转型期，企业需要关注的是收入和毛利结构的改变，核心点是企业核心能力的改变。

（2）快速发展。

通常发生在快速成长期和成长期，企业需要关注的是收入增长，核心点是核心业务扩展和复制能力。

（3）精益运营。

通常发生在成长期和成熟期，企业需要关注的是利润增长，核心点是精细化管理能力和内部变革能力。

（4）细分/进入新领域。

通常指开启第二业务曲线时，企业需要关注的是如何做市场细分以及保持新市场的市场增长、市场份额，核心点是企业的产品创新和营销能力。

（5）等待转机。

通常发生在衰退期，也可以在成熟期启动。这时，企业需要关注的是现金流，核心点是"活"下去或转型。

（6）转行或退出。

此类情况通常发生在衰退期，但是，有前瞻性的企业能够在成熟期的尾期，较早预见衰退期到来的节点，这将为企业带来非常好的资产出售价格和企业资产最大化结果。

抓矛盾的主要方面

1999年，华为的销售规模近百亿元，在完全国际化，且与世界巨头一拼高低的竞争格局中，追求规模和增长速度是华为面临的主要矛盾。

但如何提升增长速度？

任正非清晰地认识到，产品研发和质量的稳定性是突破、确保增长的关键点，所以他与IBM的合作是从IPD（集成产品开发）开始的，并以铁腕强推来保证上下同欲，达成目标。这就是抓住了矛盾的主要方面。

也就是说，在进行"年度战略解码"时，抓准了主要矛盾后，就要解析矛盾的主要方面。解决年度收入增长这个主要矛盾，抓矛盾的主要方面可以按以下步骤开展。

1. 规划自己的业绩公式

设计属于自己公司的业绩公式，清晰定义企业的收入是如何一步步形成的。比如，"收入=流量×转化率×客单价×复购率"就是互联网业务非常盛行的业绩公式，也适合线下业务。

2. 对业绩公式的各因子进行矛盾主要方面的排查、排序

可以包括以下内容。

（1）潜在客户不够？

（2）有明确的潜在客户，但公司为何不能将其转化？

（3）客单价过高或过低，是否形成了客户购买壁垒，流失了营业额？

（4）是否客户黏度和满意度出了问题，导致不能形成回头、复购和转介绍裂变？

3. 针对矛盾的主要方面，设计关键结果

我曾指导的一家餐饮集团，在经过上述业绩公式分析后，发现自己每年有450万的客流量，并有120万的会员基础，其销售增长的矛盾点在复购上。于是该集团针对2020年的销售增长提出了以下四个KR（关键结果）以支持其2020年老店近10%的增长。

结果一：继续增加就餐者成为会员的数量，使公司整体会员数量从120万人提升到180万人。

结果二：增加储值会员的金额，使其提高20个百分点，从而锁定消费金额。

结果三：提高外部企业管理层订餐的比例，使储值会员消费占比上升12个百分点，目的是使储值会员增加消费频度。

结果四：研发一道新主菜，全集团通过3个月的推动使其进入销售前10的排行榜，以此增加回头客。

找准主要矛盾以及矛盾的主要方面，企业的"年度战略解码"就不会只停留在销售额、利润额、增长率等简单目标上，更重要的是要顺势而为，而不是逆周期而行。

找到具体可量化的关键结果，团队就能知道努力的方向。知道怎

商业觉醒

做了，信心和动力自然会高涨，结果也就更加可期。

　　做对的事远比把事做对重要，这是"抓主要矛盾和矛盾主要方面"的"年度战略解码"最正确的方法。

本文首发于《企业管理》杂志公众号2020年2月，题目《为年度规划"把脉问诊"》

16

让钱追着你跑

我曾经对所接触的中小企业领导者做过一个小调查，求证他们在企业日常经营中最为头疼的三件事。结果非常一致——资金短缺，销售压力大，团队不给力。这其中，资金短缺现象尤为突出，也是最耗费他们时间和精力的头等大事。头疼的不仅包括日常运营的流动资金，更包括业务扩张所需的发展资金。事实上，缺钱，已成为中小企业最为深刻的痛。很多企业的财务报表中，财务费用已快占到整体营收的10%。本就微薄的利润差不多都贡献给了小贷公司、典当行、银行，甚或高利贷。

可同时，拥有钱和资本的一方，却又为手头大量的资金投不出去发愁。可见的情形是：大量的投资机构在疯狂寻求可投资项目，为的是在基金规定的时间内将钱投出去；银行寻求不缺钱的"大户"多贷多借，以确保"存贷差"的轻松赚钱模式得以延续；手握现金的"有钱人"，为"钱生钱"的机会挤遍投资圈、商学院等各种圈子……

我们需要思考的是，从企业微观运作来看，困局中的中小企业经营者，该如何主动跳出缺钱的困境，去赢得过剩资本的青睐？

新思维：让资本运作成为"经营要素"而非简单的"增量"

硅谷为什么具有如此持久的创新和创业活力？稍加分析就会发

现，硅谷创业者在初期就确立了将融资作为商业要素之一来经营的共识——从天使到风投，到PE，再到IPO，借助这些外部资本的力量实现跨越和成长。看看今天成功的阿里与百度，当初也曾因为百万"小钱"而差点"夭折"，是资本在关键时刻帮助了它们。

上市公司董事长石总的一段话道出了中国大多数企业对于资本运作的最朴素的想法，"过去我总认为，企业的发展得靠经营的利润来支持。尽管我已把我的制造业做到了20%以上的净利润，可仍然紧巴巴地钱不够用。"

同样的想法，也曾占据做环保事业的夏总的思维。他毕业于清华大学，拥有超强大脑、豪华技术团队以及一流的环保技术和产品。当他和团队决定进入爆发增长的"水体修复"大市场时，发现个个都是亿元级以上的大项目。按他当初的逻辑，有了技术、产品和团队，应该不缺商业机会。殊不知PPP（Public-Private-Partnership，公私合作）业务本身就是一个需要将资本作为经营要素的商业模式，如果将资本简单地理解成锦上添花的增量，获取项目就非常困难。

将资本作为要素而非增量的商业发展情形是当今互联网行业的典型特征之一。但实际上，互联网行业之外，传统的房地产、钢铁、水泥、工程建筑、金融等领域无一不依赖融资协同发展的模式，只不过它们运用的是传统的银行融资模式，而非今天通行的资本运作模式。

所以，对于广大的制造企业以及那些对融资还很陌生的行业企业，是时候重新思索"要素模式"而非传统的"增量"模式了，否则企业发展将被资本远远地甩开。

新做法：把资本方当客户，创造让客户满意的"顾客价值"

资本有其天然的属性：逐利性与追求安全性。所以，既然想把资本作为生意的要素纳入进来，就得符合它的选择标准。基于我几次作为企业主要经营者接触到的投资方的关注点来看，对于即将进入上市阶段的企业，投资者非常看重以下几点。

（1）公司的盈利能力与盈利潜力，这不仅包括当期或可预期的净利润率，还包括未来几年的净利润增长率。

（2）产业发展可预期的想象力，即所处行业的增长空间，以及企业赢得这些潜在空间所具备的核心能力。

（3）实现增长和强化核心能力的领导人特质与核心团队。

（4）制度化与透明化的公司管理与运作。

要赢得资本，就得依照这几点去做改变，把资本方当成客户，创造出其想要的"顾客价值"来。

石总在谈到资本短缺的话题时，非常激动地说，"自从上市以来，可接触与发现可用的钱，只是你得做出价值来，做出资本所看重的点来。然后就不是你去找钱，而是钱追着你跑了。"渐渐地，他也成为拥有大量资本的投资者。再看资本市场，一旦冒出一个好项目，投资者自会蜂拥其后。而前面提到的夏总，自从转变观念把投资方当客户来对待，他对商业模式的探索和新的核心能力的构建也发生了重大的改变，一年下来，与资本客户的关系与渠道变得畅通，企业发展的思路也有了突飞猛进的变化。

对传统业务进行大胆改造和转型升级，直至创造出资本方垂青的价值，已是广大中小缺钱企业的唯一出路。如果没有这样的决心，或者创造不出这样的顾客价值，在公司尚有"剩余价值"时，要么出售，要么关门，开启一场新的创业实践吧！

本文首发于《商业评论》杂志2015年8月刊，题目《让钱追着你跑》

17

战略增长是向右还是向上

增长的"黑洞"

在刘总和他的团队走进"战略解码"课堂之前,我们知悉:刘总带领公司左冲右突,三年了,也都只达到了个位数的年度增长,2018年他仍提出了30%的年度销售增长目标。通过沟通,我们也了解到,往年的年度规划,情形是这样的:围绕领导拍脑门制订的增长目标,大家讨论的是这30%怎么分配,张三多少,李四多少。如果张三不同意,领导一定会说这是2018年公司一定要战略达成的,必须想办法达成。动之以情,晓之以理,再许个愿,画个饼,增长目标最终会被分解下去。然后就是大家集体讨论一番,为了这个目标,还需要在管理上做些什么部署,比如:制订或加强绩效考核,完善信息系统建设,等等。诸如此类的框架性举措,加上领导特别心仪的下年度情怀"大事",比如全员提高心性、传统文化学习等企业文化方面、员工培训方面的规划,新年度规划就宣告结束。再集体表决心,人人摩拳擦掌,亢奋地离开年度规划会议室。

这样的年度规划场景,在很多企业司空见惯,见怪不怪。但这次,刘总感觉如此往复已难以为继了,于是带着他的核心团队开始了一场精心准备的"年度战略解码"。

还原历史

刘总和团队首先进入集体深度回顾。在过去的三年，年初都制订了怎样的目标，年终实际达成情况如何。然后对比分析、归纳总结，最后的结果竟然是：公司每年虽然都制订了差不多30%的销售增长目标，但结果是每年只获得了6%~7%的增长。究其原因才发现：尽管过去收入增长缓慢，但刘总和他的团队却花费了极大的精力和财力投入在了内部的管理改进和外部的渠道精耕上，收入低增长，但利润率却大幅提升，三年差不多实现了100%的增长。

问题一目了然！刘总公司制订了收入高速增长的战略，却干着增长利润的活儿，打着左灯往右拐。增长没达成，但赚得了利润，做强但没做大。

明晰增长的逻辑：向右还是向上

我们先来看一个关于增长战略制订的经典模型。

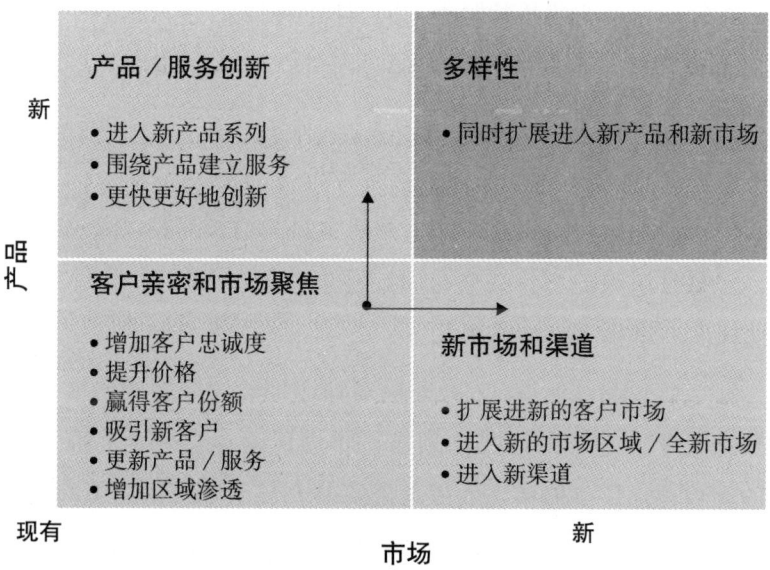

战略制订的经典模型

该增长模型诠释了实现增长可以有四种方式。

第一种增长方式

坚守在公司现有的产品和市场领域获得增长。这时可以采取的实现增长的策略是，增加客户忠诚度从而赢得客户更大份额，吸引现有市场的新客户，提高产品价格，更新升级现有的产品/服务等。一旦市场成熟，通常收入增长实现的幅度会很小，而且市场占用率达到30%以上之后，实现增长所要付出的成本代价也会是巨大的。苹果手机目前采用的就是该增长战略，但确实进入了滞涨期。

第二种增长方式

坚守公司现有的市场区域，但进行产品/服务的创新，通过向上加载新产品获得增长。小米布局未来万亿元增长的战略——MIJIA米家——就是选择向上增长为主的战略路径。

第三种增长方式

坚守公司现有的产品和服务，向右横向扩展，进入新的市场区域。中国当下的智能手机品牌，多是通过海外扩张、三四线甚至农村市场来布局增长的。

第四种增长方式

同时跳转到新市场和新产品，开启全新的增长路径。这通常是最为激进、也最具风险的增长战略布局，要非常小心。

选择向右增长战略的前提如下。

（1）公司现有的产品/服务最多到达生命周期的成熟期而未进入衰退期。处于衰退期的产品向新市场扩展风险也会较大，因为市场一体化的进程在加快，但拓展的成本依然巨大。

（2）现有产品在新市场的格局未定，也即竞争对手中没有出现明显的领导者。比如小米手机海外扩张重点选择印度市场就是精准的增长战略定位。向右增长的核心能力将聚焦在企业的营销上。

选择向上战略的前提。

公司的新产品能满足市场客户新的需求并形成批量的购买。不是替换现有产品/服务，而是要获得现有市场/客户之上的增量消费，比如小米手环之于小米手机。向上增长的核心能力将聚焦于企业的创新。

最佳路径。

向上增长首先要经历从0到小1的验证，并不是马上就能带来实质性增长的。向右增长锤炼的是从大1到N的能力，这是一个企业做大的必由路径。选择向右增长也仅是公司收入持续增长的第一步，还需同时启动向上叠加新产品/服务，再经由向右增长的验证能力，最终走向新产品/新市场，这才是增长的终极逻辑。

走出增长的"黑洞"

明晰了增长战略的逻辑之后，刘总和他的团队展开激烈的讨论。讨论之后，明确了以下几点事实。

（1）过去三年错过了最佳的增长期。

（2）现有的产品已在成熟期，但仍有三年的窗口期，随后将进入衰退。

（3）基于过去三年的"做强"成果，公司在精细化管理和市场能力上达到了行业一流。

（4）向右进入的新市场区域，竞争仍是不充分的。

（5）新产品的研发是明天生计的来源，是明天的主要矛盾，而不是今天的主要矛盾。

于是2018年刘总公司的增长策略也就清晰了。

做大是主要矛盾和根本目标，向右增长是2018年度的主战场。同时

商业觉醒

向上产品创新关乎明天的"饭碗",在三年之后现有产品的衰退期到来之前,必须为现有和即将向右拓展的新市场准备新的产品。该新产品更应立足于全国市场去规划和创新,这样2018年之后的增长才会更有可能。

碗里的、锅里的、田里的,战略目标三步棋,得以清晰。2018年的目标经由团队讨论,已不再是刘总下达的任务,而是团队共识与行动的决心,走出增长的"黑洞",已可大胆预期。

本文首发于"商业觉醒大学"公众号2018年2月28日,题目《战略增长向右还是向上》

第3章 经营提升

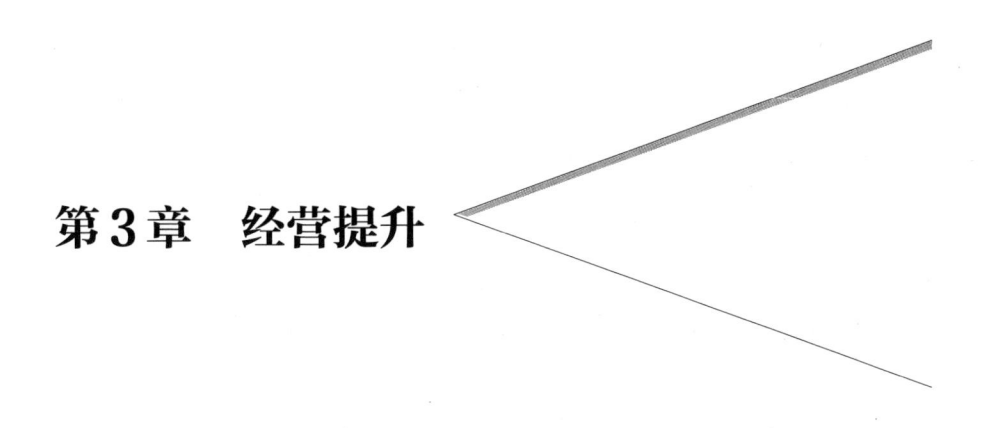

18

服务品牌价值=顾客体验的总和

张总作为北京特色餐饮企业的代表,在私董会上,她提出了"如何提升品牌价值感"的议题。这个议题引起了私董会成员的热议。大家各抒己见,场面十分热烈。对这个问题,我们不妨从服务经济的本质及顾客体验大数据进行解析。

服务经济的本质

服务是一方能够向另一方提供的、基本上无形的任何活动或作业,其结果不会导致任何所有权的发生。服务可能与有形产品联系在一起,也可能与之毫无关联。

餐饮业重度依赖顾客感受和回头率，本质上属于服务经济的范畴。餐饮业经济通常具有以下特点。

（1）无形性。顾客购买前往往看不见、尝不到、摸不着、听不到、闻不出；顾客衡量标准不明确，因人而异。

（2）不可分离性。服务提供和服务消费同时进行。顾客本身也参与服务，如自己倒水倒茶、分菜分食。

（3）可变性。服务质量取决于服务者的技能、状态和心情。顾客感受随时改变，主观性强，对服务好坏的心理感受千差万别。

（4）易逝性。服务体验在一餐之间，长则两小时，短则十几分钟，且不能存储。在需求发生变化时，服务的易逝性最容易导致品牌价值发生改变。

顾客体验数据会说话

顾客体验大数据隐含着以下事实。

1. 关于顾客回头率

59%的顾客会因为在商家一次不好的体验就停止到该商家消费；79%的顾客会因为一次满意的消费便持续与该商家往来。

2. 关于顾客投诉

在不满意的顾客中，只有5%会投诉，95%认为不值得投诉或者不知如何、向谁投诉，于是他们就停止购买。在所有投诉顾客中，54%~70%的人在其投诉得到解决后还会同该商家往来；如果商家能够很快解决投诉问题，该数字会上升到95%；顾客投诉得到妥善解决后，平均每人会把处理情况告诉遇到的5个人，反之，则会告诉11个人。

3. 关于顾客忠诚

获取一个新顾客的成本是保留一个老顾客成本的5倍，要使已经对某商家满意的顾客产生转换商家的行为，需要付出很大努力。

一般商家平均每年流失10%的顾客，商家如果将顾客流失率降低5%，其利润在不同行业就能增加25%~85%。顾客利润率主要来自延长老顾客的生命周期，因为老顾客会增加购买、向别人推荐、对价格不敏感和减少服务运营成本。

一家曾经如日中天的中餐品牌企业，因"回锅油和活鱼换死鱼"事件，一夜之间就遭到顾客集体抛弃，这就是顾客体验大数据落在一个具体品牌价值上的真实写照。

80%的商家认为自己提供了卓越的顾客服务，但仅有8%的顾客认为自己得到了卓越的服务。因为顾客定义的满意，是其感知的价值要大于、至少等于他所设定的期望价值。所以，营造持续而广泛的顾客体验，是一个服务企业所要创造的品牌价值所在。

体验经济的品牌价值打造

现在回过头来讨论张总的问题。

我们要坚信，沿着顾客体验这个命脉去构建服务企业的品牌价值，才是最佳路径。这中间的原理就是：服务品牌价值=顾客体验总和。顾客体验总和可以从以下几个维度去构建。

1. 重新定义广义产品

像餐饮这样的重度体验经济，首先就要突破将菜品作为唯一产品这一局限，将产品定义扩展到菜品、服务、环境、价格和顾客关系，并将其中一个环节做到极致和行业领先，将其他环节做到行业平均水平之上，这样就可以成为顾客心中拥有高品牌价值的企业。

拼多多发力于价格，海底捞发力于服务，两者尽管在商品和菜品品质上一般，但同样成就了上千亿元市值的品牌价值。

2. 重新定义价值主张

价值主张是顾客转向一个商家而非另一个商家的原因，它解决了顾客痛点或者满足了顾客需求。每个价值主张都包含可选的系列产品或服务，以迎合特定顾客细分群体的需求。

在这个意义上，价值主张是商家提供给顾客的受益集合或收益系列。

京东这样定义其价值主张：京东商城始终坚持以纯电子商务模式运营，缩短中间环节，在第一时间为消费者提供优质的产品及满意的服务。其商品不仅价格低，而且质量有保证。该主张既解决了顾客痛点，如好的性价比、真品、快捷，又区隔了线下实体店、淘宝和天猫。

一个好的价值主张应该超越广义产品的功能价值，上升到情感价值（如生日场景、团聚场景、开工和庆功场景）。如果再升华到精神价值层面，彰显目标顾客群的价值观和个人主张，品牌自己就会说话、会传播了。

在这一点上，海底捞就显得鲜明突出：交流是人与人之间传递的刚需，而来自中国的火锅是天生的社交餐饮媒介。海底捞致力于让更多人在餐桌敞开心扉，吃得开心，打造全球年轻人都喜爱且能够参与的餐桌社交文化。这个主张契合了90后和00后的生活和人生主张。

更深层次讲，"把人当人看"和"双手改变命运"的海底捞价值观，激发了全体员工内心的热情与善意，每位员工都能把客人的每件小事当成大事去做，让顾客在整个服务周期中都能感受极致和被关注的服务。

顾客于是做了复购选择，并自发为品牌代言。没有在任何电视台或者平台投放广告的海底捞，品牌价值和经营业绩已成为中国乃至世界餐饮企业的标杆。

所以，从功能价值上升到情感价值再升华到精神价值，去挖掘和重塑品牌价值主张最为关键，也是根本发力点。因为只有价值观的连接才是最底层的、也是最牢固的。

3. 将价值主张细化并融入顾客体验的接触点上

在订餐、迎宾、等位、加号、点菜、下单、餐中服务、结账、送客、餐后点评、投诉等环节中，哪怕有一个体现品牌价值的亮点或差异点，顾客的体验和记忆就会更加真切和深刻。

围绕顾客生命周期进行价值维护和叠加的增值。从一个品牌对多个顾客，转化为一个品牌对一个顾客，让每个顾客都亲切和热络起来，情感和精神的连接自会形成"顾客终身价值"贡献，一个忠诚而热情的顾客会带来无数次裂变，品牌价值也就实现了成倍增长。

本文首发于《企业管理》杂志2019年11月刊，题目《服务品牌价值的提升》

商业觉醒

19

你真的知道你在卖什么吗

2016年中国的手机市场很是热闹。华为一路高歌,苹果陷于低迷,小米走向衰落。起起落落,一家欢喜几家愁。

苹果,仍是那个拥有完美功能和体验的手机品牌,在推出iPhone6和iPhone6 plus后,销量攀到了顶峰。苹果乘胜追击,推出iPhone6 SE,定价也下探到3000多元。应该大卖吧?可是没有。华为,一家主业为ToB业务的电信设备提供商,推出的手机业务多年来不温不火,2009年差点以24亿美元卖掉,因为金融危机的突然到来没卖成。为什么华为的手机业务从2015年开始大爆发,并且于2016年一季度实现跃升?

IBM怎么做

手机市场先放一边,再讲一讲IBM咨询的故事。

2007年,IBM中国的咨询业务因增加了中小企业客户群体用户(注意,IBM定义的中小企业普遍也是年销售收入达几十亿元人民币的企业),取得了历史上的最好业绩。顺着增长的逻辑,我们都知道2008年的业绩目标一定会是50%以上的增长。事实确实如此,IBM总部给出了100%的增长目标,经过讨价还价,最终数字定格在80%。面对已经具有很大体量的咨询收入,谋求翻番的增长,团队还是那个团队,产品还是那些产品，怎么办？

大家知道，IBM咨询卖的是解决方案，背后的支撑是有经验和能力的顾问团队，也包括沉淀下来的知识库、案例和最佳实践，当然还有IBM强大的品牌背书。在过去的实践中，大家也提炼出了其他卖点，比如IBM自身的实践：IBM卖自己所用的，也用自己所卖的。这一点就相当有说服力。但是，这些定位和套路已经为市场、客户和竞争对手所熟识。所以，要追求几近翻倍增长的战略目标，必须得有新的营销战略，重新解决"卖什么"的营销顶层设计问题。

以当时的市场环境来看，在2007和2008年的经济环境中，大量的中小企业，尤以民营企业居多，普遍感受到转型的压力。企业家内心强烈渴望成功的转型。咨询行业过去的惯例是按项目收费，解决一个点、一个领域的问题，如今，目标客户需要的是整体转型方案，转型风险很高，周期又得至少三年以上。因此，目标客户需要的是一个值得信赖的合作伙伴共同走过一段路。值得信赖是这批转型企业家的核心诉求。一旦让他们感受到可靠和可信赖，他们可以一锤定音，敲定几年的合作关系和打包的咨询合同。

基于如此的客户洞察，最终IBM将"卖什么"的营销顶层设计定义为：为了"转型伙伴"，将切片式的咨询项目整合成基于客户转型目标的整体解决方案，并且用战略伙伴式的转型合作方式，与客户同行（如IBM与华为的合作模式）。加之整个团队强有力的战略执行，那一年IBM中国咨询市场的战略目标超额实现了。

手机市场的风云背后

现在再回头来看手机市场。

先说小米，当初苹果划时代推出智能手机，用户趋之若鹜，苹果手

商业觉醒

机简直就是一种身份的象征。但昂贵的价格着实将很多追求者挡在了门外。小米适时出现了，加之饥饿营销策略，加剧了低收入用户以低价拥有一款类苹果智能手机的急迫感，所以小米火了。

再看苹果，它始终卖的是"身份的象征"。所以，当苹果迎合了目标人群的心理预期后，突然推出低价，还要改回小屏，导致"身份"缩水，大家当然就不买账了：核心用户在流失，潜在用户又感觉没有追的必要了。

这时华为出现了。华为作为中国企业的代表，为中国人增了光，民族品牌情怀迅速吸走了苹果和三星的高端手机用户，而且这种情怀感染着越来越多的人，华为成功了。

营销顶层设计

一个真实的IBM故事，配合三个手机品牌的逻辑演绎，"营销什么"的顶层设计的重要性就被彰显出来。那么如何去做呢？

第一步：深刻洞察目标人群的核心诉求和痛点。这是基础，也是产品和商业的根本。抓不住客户内心的那些渴求与情愫，再好的产品功能与技术也难以引发客户的共鸣，更别谈购买的冲动和交易行为了。

第二步：提出击中目标人群核心诉求的价值主张。价值主张，就是客户转向你而非你的竞争对手的原因，它解决了客户痛点，或者满足了客户需求。每个价值主张都包含可选的系列产品或服务，以迎合特定客户细分群体的需求。在这个意义上，价值主张就是公司提供给客户的受益集合。

第三步：找到设计营销的核心，以及支撑这个核心的配称组合。营销的核心是营销什么、卖什么的顶层设计。它需要被提炼、被抽离，从技术、产品、功能的层面被精准地发掘。它既能迎合目标人群的核心诉求和痛点，又能高度支持企业的价值主张。加上配称组合的支撑，营销核心日益丰满，血肉化、真实化。

回看IBM"转型伙伴"的营销顶层设计，其周边围绕的是解决方案、转型顾问、转型方法论、成功案例、IBM自身转型实践、IBM品牌、战略合作客户伙伴关系所构成的配称组合。如下图所示。

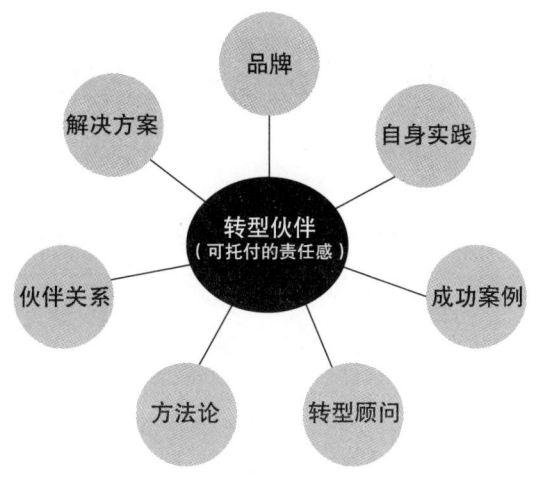

IBM"转型伙伴"顶层设计

只有穿透到客户的心理，设计出企业与客户之间的那个情感连接——卖什么，好产品才真会说话，否则"皇帝的女儿也愁嫁"。这是营销实践的精髓，也是我们在战略层面需要首先解决的问题。而且，因应外部环境的变化和目标客户的转换，这个工作还要与时俱进。

很多企业和营销人士初听这个话题会很讶异，难道自己卖了一辈子产品还不知道卖什么？！希望读到此，你能转念，开始一个"用心"的新实践。古斯塔夫·勒庞在《乌合之众》中揭示了大众心理学的由来：群体中的个人会表现出明显的从众心理。作为营销顶层设计的你得抓准那个"众心理"！

本文首发于《商业评论》杂志2016年7月刊，题目《卖了一辈子产品，你还是不知道自己在卖什么》

20

顾客知道你在卖什么吗

价值主张，对于一个组织的战略、商业模式、品牌和营销都是非常重要的主题。然而，这个概念好像只是被学术和咨询界广泛应用，企业的实际领导者却少有重视。那么，就来谈谈"击中目标客户核心诉求的价值主张"这个话题。

京东与西贝

这是我在购物和餐饮方面极度忠诚的两个品牌，事实上它们也是其所在领域的领导者。只要上午11点前在京东商城下单，下午就能收到货品，快捷方便无与伦比。提起西贝，马上就想到它青翠欲滴的烹饪蔬菜、原汁原味的手抓羊肉、不加味精鸡精的服务承诺，以及整洁干净、一望到底的明厨，味觉马上就会被调动，筹划着又要去美餐一顿。究竟是什么驱动着这两个品牌营造出如此深刻的顾客体验和忠诚度？了解了它们的价值主张，答案就呼之欲出。

京东的价值主张：京东商城始终坚持以纯电子商务模式运营，缩短中间环节，在第一时间为消费者提供优质的产品及满意的服务。其商品不仅价格低，而且质量有保证。京东坚定地去中间化、优质优价、真品、快捷物流，这些价值主张矛头直指淘宝，区隔鲜明。

西贝的价值主张：天然——选材草原羊肉和高原旱地五谷杂粮；地道——坚持传统做菜手艺、所有菜品不加味精；好吃——好吃是最大的顾客价值，好吃才是硬道理。西贝的战略、产品与品牌体验通过价值主张一气呵成，在同质化竞争的餐饮行业中脱颖而出、鹤立鸡群。

再看一个知名国际品牌的价值主张，你就能知道为什么近来它的业绩下滑严重。

麦当劳的价值主张：在全世界为家庭和儿童提供标准美味的食品和快速准确友善的服务（即著名的QSC&V：品质、服务、清洁及物超所值）。城市人民的健康消费与生活方式升级了，但麦当劳的价值主张却没有与时俱进，于是与客户的核心诉求渐行渐远。这种状况也将大规模地发生在属于"旧时代"的方便面、碳酸饮料等产品上。

何为价值主张

价值主张是客户转向一个公司而非另一个公司的原因，它解决了客户的痛点，或者满足了客户的需求。每个价值主张都包含系列可选的产品或服务，以迎合特定客户细分群体的需求。在这个意义上，价值主张是公司提供给客户的受益集合或收益系列。

价值主张最终落实在产品和服务中，这就需要价值创新。在《蓝海战略》中，W. 钱金和勒妮莫博涅为我们提供了一个好用的工具："剔除—减少—增加—创造"（ERRC）坐标格。价值创新通常会在以下一个或几个方面的组合中产生。

商业觉醒

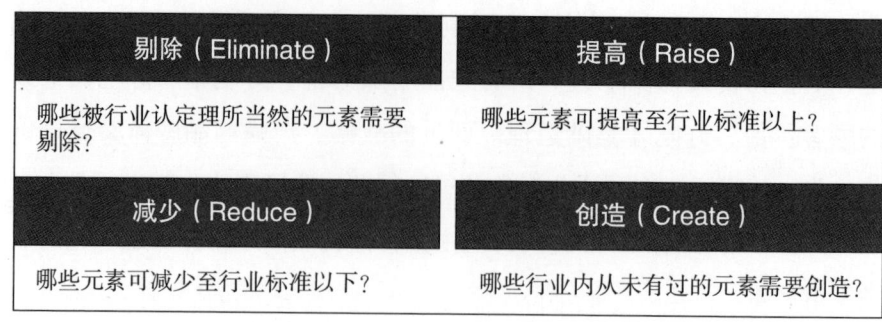

"剔除—减少—提高—创造"（ERRC）坐标格

现在我们可以看到，尽管京东模仿了亚马逊的商业模式，却创造了在零售行业使用互联网的新型购物方式（颠覆了曾经是主导的苏宁、国美大卖场模式），提高了物流响应的速度，减少了传统商业中大量不增值的中间环节，消除了层层加价，并杜绝了假冒伪劣，从而让消费者得到了真正希冀的价值：优质优价的商品和较高的顾客体验。

同样，西贝通过从西北草原采购来提高食材的标准，减少调味品添加进行原味烹饪，并通过减少菜品数量、让厨师专精等方式，让客户得到天然、地道、好吃的菜品，这些举措成功创造了新的客户感知价值。

麦当劳在这四方面就显得保守和不思进取，其过去赖以成功的价值主张在顾客升级和生活方式升级的大潮面前失去了吸引力，所以其价值主张就失去了顾客的拥护，难以让顾客有更高的热情和频度去选择和消费它了。

价值主张需要在顶层被设计

价值主张不属于操作层面，应在战略层面予以系统设计，它受到三个因素的驱动。

1. 领导者的战略意图与动机

这决定了一个价值主张被提出时，是立足于社会价值、利他的，还是拘泥于自身企业的价值，它将决定品牌是否能赢得社会和客户的关注和认可，从而转化为购买行为。

2. 目标客户的核心诉求与痛点的解决

这是根本出发点，也是价值主张实现与检验的终点，是真正实现顾客交易的关键驱动因素。

3. 竞争环境

如何让客户选择你的品牌而不是竞争对手，差异化的价值主张就显得尤为重要。我们常讲要给客户一个理由购买你的产品或服务，如何提出价值主张，暗藏玄机。

要设计出一个差异化的价值主张，可以在上述三个驱动因素的基础上从以下多个方面产生构想。

①新颖；②性能；③定制化；④把事情做好；⑤设计；⑥品牌/身份地位；⑦价格；⑧成本降低；⑨风险抑制；⑩可达性；⑪便利性/可用性。

如果对其中的几项进行有效组合，能很好地支持战略意图、客户核心诉求和痛点的解决、在竞争胜出，那么恭喜你，你的价值主张就是正确的！你的战略就是有效的！你的品牌就是有力量的！

让战略、模式、营销和品牌一以贯之的那个内核，就是价值主张。价值主张用于不同目的时，表述会有所不同。找到你的价值主张，巧妙地传达出来，并通过价值创新实现它，消费者的"芳心"自然会被你俘获。

本文首发于《商业评论》杂志2016年9月刊，题目《顾客知道你在卖什么吗》

21

客户洞察"五招十六式"

最近"名创优品"很火,好像一夜蹿红的明星,瞬间热遍大江南北。说实话,刚一听说,还纳闷,这是个什么品牌名?那么绕口!尽管现在讲课常常引用,不经同事和学员提醒,还是说不对它的名字。

就是这个拗口的品牌名,不但搅动了电商的神经,也点燃了传统门店新的希望。在研究它的模式时,最让我激动的是它对目标客户的深刻洞察与精准画像。我们不妨来还原一下。

名创优品的客户洞察

1. 目标客户的形态

18岁至28岁的年轻女性。

2. 目标客户的特征

90后,甚至95后;伴随互联网长大的一代;熟悉网购如穿衣吃饭;大多未婚;未入或刚入职场,基本收入不多;时间充裕,下班或休息时经常出入人潮涌动、热闹、新潮的商场和街区,或闺蜜相伴,或好友相随;绝对是各种新潮商品、服务和流行的追随者与捍卫者。

3. 目标客户的消费场景

如果时间紧迫,目标客户会直接网购,但网购不能马上体验效果,尤其是不能马上展示给同伴看，让她们颇感失落。所以，只要时间充裕，她们会选择实地逛街去淘、去试，几乎想要把款式都试一遍才做购买决策。就算筋疲力尽，也乐此不疲。

4. 诉求和购买因素

她们逛街并不一定有购买目标，常常就是逛逛，找找流行的感觉。她们有时会置办一两件大牌商品，但更多是希望物有所值地将流行元素添加到自己的身上，让美驻足，不辜负这个花季年龄。淘到的宝贝最好能马上穿上身，邀来伙伴集体评鉴。遇到便宜商品随手就买了，哪怕回去只用一次，或者干脆就没用过。

5. 目标客户转换因素

海报、电视、明星、朋友圈，凡是刺激她们视觉和美丽想象力的接触点都会影响她们去尝试。一旦商品大众化，不能推陈出新，不再符合她们的审美标准，她们便会毅然决然选择淘汰，漂移到其他品牌，因此这类客户的品牌忠诚度可能会比较低。随着年龄增长、嫁为人妇、成为母亲，上述行为特点都可能发生较大转换。

以上几点或可说明名创优品在电商如日中天的今天为什么能一夜爆红了。面向18岁至28岁年轻女性客户，名创优品门店选址在最繁华的核心商业区，将购买场景设置为主流消费（如聚餐、看电影、室内运动）后的顺便购物挑拣，而非专程购物。名创优品的核心产品价位在10~29元，人均次消费50元左右，优质低价的产品极容易促发收入不高的女孩子的购买行为，当场付款、当场拿货的现实体验，更增强了与闺蜜手挽手闲逛购物的愉悦感受。

名创优品收获了两年时间开店1100家，每天500万人进店，2015年收入50亿元，公众号粉丝1000万的成绩。它还有更大的目标：2020年开店6000家，收入达600亿元。

客户洞察逐步解析

客户洞察有没有招式和套路？根据我的长期实践和研究，综合彼得·德鲁克、菲利普·科特勒和迈克尔·波特的思想，我总结出客户洞察的"五招十六式"。如下图所示。

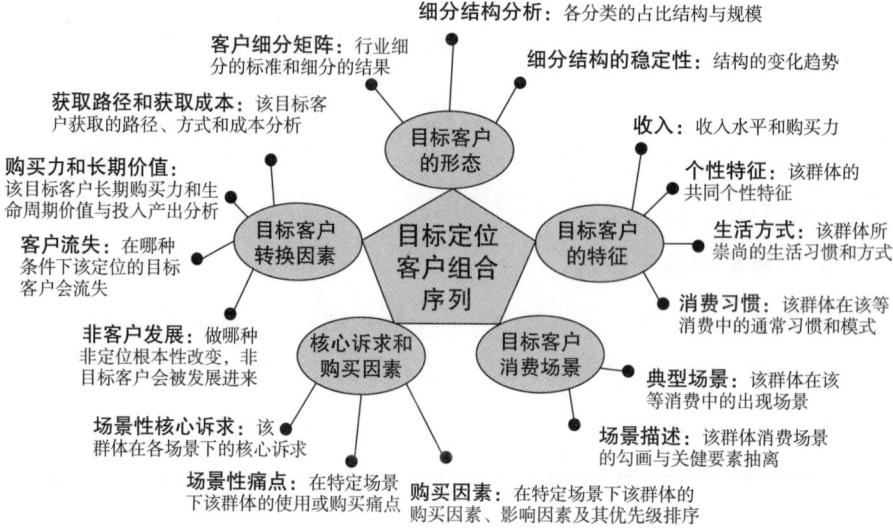

客户洞察"五招十六式"

1. 勾画目标客户群体的形态

对所有相关人群进行宽范围定义和归类，便于最终做定位决策时优中选优、做吸引力分析。

①分类的标准。通常所说的客户细分矩阵，选择两个变量进行二维组合描述，每一个纵横交叉点即为一个细分市场。

②细分矩阵的结构描述。对每一个细分市场进行有效性分析，去除无效市场，然后对有效细分市场的市场占比与市场规模进行描述。

③结构的稳定性。各有效细分市场因循时间和外部变化的增长性

趋势。

名创优品既没选择事业有成的中产白领或高收入人群，也没选择低龄女生，这是确定年龄维度；从购物需求的维度来看，名创优品没有选择大件购物和贵重消费（这会有一个复杂的购物决策过程），也没有选择街边摊的低廉消费（不符合目标客户的品位和身份定位）。这两个维度交叉，18岁至28岁、追求时尚和优质低价的消费女性目标客户群就被洞察出来，成为其核心目标细分人群。

2. 描述目标客户的特征

各细分市场的客户群体，在购买目标提供物时的相关消费特性描述。

①收入。水平与购买力，特别是重复购买能力。

②个性特征。在消费时表现的共性特征。

③生活方式。该群体崇尚的与目标提供物相关的生活习惯和方式。

④消费习惯。该群体在该等消费中的通常习惯和模式。

3. 目标客户消费场景

①典型场景。该群体在该等消费中出现的场景罗列。

②场景描述。各消费场景的细化描述与关键场景要素抽离。

名创优品的客户画像最为深刻和精准。

4. 核心诉求和购买因素

①场景性的核心诉求。该群体在各场景下的核心诉求。

②场景性痛点。在各场景下，该群体面临的痛点。

③购买因素。在该场景下，该群体的购买因素、影响因素及其优先顺序。

5. 目标客户转换因素

目标客户群体如何获得、保留与再拓展的路径与要素勾画。

①获取路径和获取成本。该目标客户获取的路径、方式和成本分析。

商业觉醒

②购买力和长期价值。该目标客户的长期购买力、生命周期价值与投入产出分析。

③客户流失。在哪种条件下该目标客户会流失。

④非客户发展。做哪种非定位根本性改变，目前的非目标客户会被发展成为目标定位客户。

如此，一个完整的目标客户市场就会被勾画出来。至此，你就可以运用通用电气业务矩阵进行细分市场的吸引力分析，从而做出目标提供物要定位的目标客户组合，但往往仅一个细分市场就足够你的企业操作了。

初创企业或转型的新业务，完成这项工作不是一蹴而就的。对持续运营的业务，也需要形成该"五招十六式"的客户洞察文本描述，并不断更新，形成新的版本。做企业，其他事项都可以做减法和节省力量，唯有客户洞察，需要花费大量心力，持续不断地去探究。

本文首发于《商业评论》杂志2016年5月刊，题目《客户洞察"五招十六式"》

22

价值贡献：客户管理的新维度

客户管理的误区：从一个行业"老大"的下滑谈起

印总，儒雅、厚重、有感染力，驰骋商场10年，把自己创立的公司带到了细分行业销量第一的位置。三年前，受整体经济环境的影响，他的企业步入停滞期，我们因此有机会走进他的企业，一探问题的真相。这里仅从客户管理的角度分析。

首先，印总的公司的销售架构并没有整体的客户管理视图，是典型的按区域管理模式。对客户也是按照传统属性进行分类，有客户所在行业的维度，有客户规模的维度，有客户所在地理区域的维度，却唯独没有按客户贡献价值进行分类的维度，当然也就无从谈起基于价值差异化客户策略和管理了。这是印总和他的公司的误区，也是大量成长型企业的问题。

其次，印总的公司三年前就成了行业"老大"，但其客户中却鲜有行业前20名的大客户，也就是说，这家公司是在中小客户中成长起来的"草根老大"。随着行业地位的提升，这家公司没有顺着客户阶梯向上迁移，而行业的集中度却日渐增强，所以日子开始过得艰难。

最后，印总的公司有整体的市场和销售策略，却缺乏具体到每一类客户的策略，特别是针对客户个体的管理策略。

客户管理的正确招式

1. 招式一：按客户价值重新对现有客户进行分类管理和策略设定

客户管理的首要问题是采取有效的方法对客户进行分类。分类的标准不仅包括客户的规模大小，更要上升到客户对企业的价值贡献。这个价值可以是连续几年贡献给公司的销售收入和利润，也可以是客户全生命周期的销售收入和利润贡献。前者相对容易衡量，后者则取决于计算方法和数据积累。大多数管理实践采用了前者，但在注重会员终身价值的管理实践中，较多采用了全生命周期客户价值的分类和管理方法。

一旦确定了客户价值的定义和衡量方法，就可以对客户进行分类。世界500强中许多公司依据销售额和利润等指标，将客户分成了钻石客户、黄金客户、战略客户、潜力客户、一般客户和问题客户，并对每一个客户贴上分类标签。比如埃森哲，依据国家电网连续两年、每年1亿美元咨询收入的贡献度，将其归类为中国的第一个钻石客户，进入全球钻石级客户的服务和管理序列。

根据客户价值分类，对每类客户的管理策略就可以在公司层面得到清晰的制订和执行。如IBM的钻石级客户华为就可以优先享有最好的顾问资源，还享有高级别的资源调配、战略协同和问题解决机制。另一种情况是，尽管客户本身的规模和影响力很大，如果对公司的贡献价值低，也只能被划为一般客户。

客户价值分类有以下功能。

（1）高价值贡献的客户可得到相匹配的资源与机制。

（2）清晰公司客户发展的递进阶梯与路径，为客户经理指明客户发展的方向。

（3）最重要的，是为销售人员的成长开辟新的发展通道和职业路径，不必千军万马挤独木桥争取金字塔尖的管理岗位。成就一个高价值的客户，也可以成为专服务于此客户的客户经理、总监甚至合伙人。正是基于这样的逻辑和晋升通道，埃森哲招募或提拔了很多不做管理的客户合伙人，他们与管理岗位的合伙人拥有一样的待遇与地位。

受此启发，印总和他的团队按价值贡献对客户进行了分类。他们综合年销售额、回款率、回款及时性、毛利率、客户影响力和销售成长性等多个指标，将现有交易客户分成钻石客户、战略客户、潜力客户、一般客户和问题客户。然后针对每一类客户制订了专职驻厂工程师、产能优先级、高层拜访、快速响应机制、技术交流、增值服务等方面的策略，依据客户价值分类逐一界定和落实。如此一来，曾经模糊的十几个钻石客户，以及众多的战略客户，开始得到有效的管理、开发和维护。潜力客户也得到有效的识别，对它们的深度开发和培育的策略也提上日程。问题客户将得到有效的监管和跟踪，以避免潜在的坏账损失或口碑伤害。

同时，将尚未发生交易的潜在客户，印总及其团队也用行业影响力和成交潜力等准则划分为重要机会客户和一般机会客户，在资源、策略方面进行针对性的设计和管理。

这样，基于价值的客户管理标准就被建立起来了。

2. 招式二：按客户购买因素进行营销和销售

无论希望如何营销与销售产品和服务给客户，客户都有其独特的内在购买决定因素。要达到有效的营销和销售，就需要努力探索这些购买因素并进行优先级排序。IBM在其销售方法论中，基于大量历史数据研究得出结论：价值、价格和关系是客户购买行为发生的三个决定性因素。其中46%的市场价值是优先基于"选择信赖的供应商"，36%的市场价值是优先基于"选择价格导向"，18%的市场价值是优先基于

"选择创新伙伴"。对不同类别客户的购买因素进行明确的识别和排序，才能在开发和维护客户时很好地"管理"客户的交易，而不至于用错了劲、使错了力——对一个明明价格不敏感的客户拼价格，对一个明明价格敏感的客户大谈特谈差异化。

当然，这种购买因素分析的方法还可以用于对同一客户的不同购买场景和交易，反复论证，有的放矢。

3. 招式三：按产品份额／增长性分析对特定客户进行管理

客户管理既要有高度，对不同客户进行分类；又要足够细化，对特定客户按产品份额／增长性进行管理。产品份额／增长性分析，主要包括企业所提供的产品和服务在该客户业务中的占有率和收入增长性与竞争对手相比以及与客户自身的增长性相比表现如何。如果企业的客户总数不多，最好细化到每个客户；如果总数较多，至少要细分到钻石客户、战略客户和潜力客户。否则，我们就很容易只看到表面的业绩，而忽略潜在的竞争风险，落后于客户的成长。

掌握了客户管理的理念和思维方法，相应的管理配套和手段改进也就顺理成章了。印总在组织架构、政策制度、人才配置和IT系统等方面开始了一系列的变革和调整，公司的客户管理将步入新的轨道。

本文首发于《商业评论》杂志2016年10月刊，题目《价值贡献：客户管理的新视角》

23

检验客户导向的真与假

先来看一个"榜样"的故事,看看实践中的客户思维究竟如何。

这个"榜样"是古总,企业所在地至今仍是一个山清水秀、未被完全工业化的富氧山区。白手起家的古总30多岁就拥有了数亿元资产,产业涉及商业零售、酒店、房地产和农业。其中的零售甚至做到了当地的龙头,门店遍及全地区。"功成名就"的古总也进入名校读EMBA深造。用他自己的话说,EMBA让他学会了三件事:换高级车,以匹配同学往来;学会管理,回家折腾团队;学会投资,彻底看不上自己发家的传统行业。恰巧赶上大润发等巨头抢滩当地市场的竞争巨变,古总的零售业务江河日下,也便有了我们第一次见到的他:一个看起来无所事事的老板。

一年半前,私董会去古总的主场,做他的案例。年纪尚轻的古总竟一副事业脱轨的状态,在场的董事没有一个对他客气。古总回忆说,那场私董会后,曾经每天睡到自然醒的他竟然一夜无眠,坐在草地上,私董会的场景深深撞击着他。第二天,古总豪言壮语,表示要回归事业,回归到他熟悉的行业中去搏击。

两个月后私董们再见面时,古总兴奋地说,虽然他的超市业务急剧下滑,只剩下不到5亿元的规模,但分析数据发现,生鲜产品系列业务不但没下降反而快速增长，已有近1.6亿元的销售规模。所以他决定将生鲜业务剥离，成立专门的农产品电商公司，从传统的门店"坐商"模式转型到直接面向机关企业和家庭的"行商"模式。为此他组建了专门的团队并建立了新的运营机制。看到回归企业家的迅速决断力和超强执行力，大家鼓励着、推动着，古总的新业务正式上了跑道。

再一次轮到古总回顾新业务进展的私董会时，问题发生了。他定位的客户不仅涵盖大的机关食堂、学校、幼儿园，还涵盖酒店和餐馆，更涉猎住宅小区的千家万户。客户形态各异，需求也千差万别。机关食堂生鲜配送要招标，学校、幼儿园要讲究营养搭配，小餐馆追求便宜和及时配送，家庭用户要求绿色健康，保姆买菜要积分作为私房钱。为了满足方方面面的需求，古总将产业延伸到有机菜的种植；为了抢占小区的用户终端，便如"丰巢"一样在物业为每户添置取货柜。私董会一致认为古总的业务出了大问题，根本原因是缺乏客户分析和定位。

两个月后，古总团队摒弃了原来的大而全策略，将目标市场首先定位在餐馆这类小B的生鲜配送业务上，终于有了属于自己的客户洞察1.0版本。就在今年4月，他完整地向私董会展示了他的新业务和客户价值导向的新做法。

（1）根据餐馆的需求设计自己的产品和服务，在建立客户信赖的基础上再逐步扩展品类和衍生客单价。不是原先一厢情愿地定位为有机菜和自有农业种植，也不是按自己已有的供应链体系简单延伸既有超市商品的配送业务，更不是设定好期望的客单价单向推销。

（2）分片区组建客户服务团队并进行不同团队间PK。这样一个运营变化带来的显著效果是，当一切以客户需求和满意度为导向时，曾经充斥企业内部门间的推诿和扯皮消失了，大家自然而然坐到一条板凳上思维和协作。

（3）高标准的客户承诺倒逼内部运营。为了解决餐馆客户的储存限制问题，满足开餐前必须送达以确保餐厅营业的核心诉求，古总的企业向客户承诺物流服务标准：超10分钟全单打8折；超30分钟免单；超过上午11：30不仅免单还加送订单全单金额。

案例分析到这里，检验一个企业是否真有客户思维，是否真以客户价值为导向，标准呼之欲出。如下图所示。

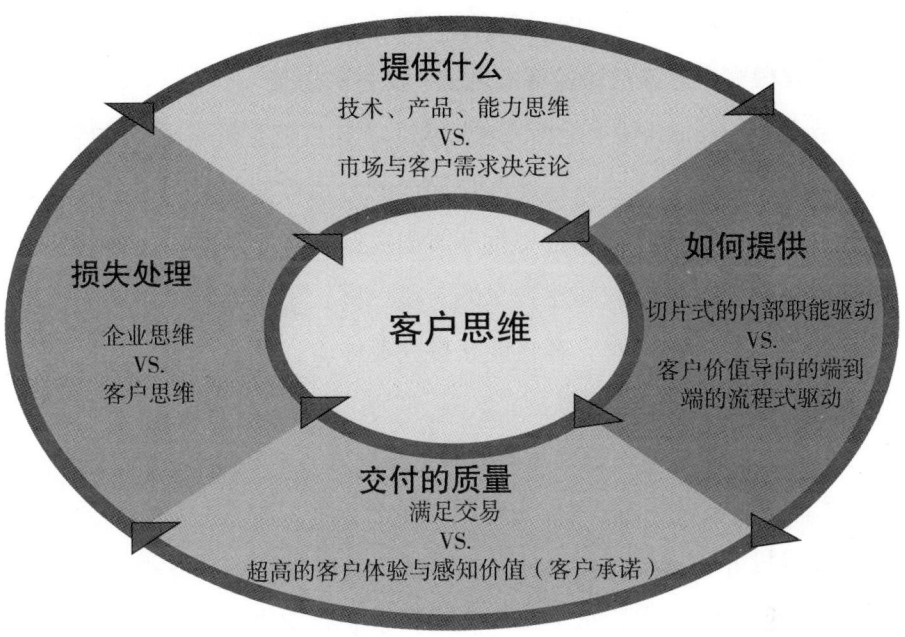

检验客户思维导向

1. 真假客户思维的检验标准之一：提供什么

在决定企业向市场和客户提供什么的时候，真正客户导向的公司会深刻洞察客户及其需求（包括可能的趋势性隐形需求）和痛点，以此为出发点来推出和迭代产品或服务。非用户思维的企业会根据自己拥有的技术和能力来预设一个产品，然后再通过其所谓用户思维去寻找客户以便卖出产品。

2. 真假客户思维的检验标准之二：如何提供

在实施订单时，真正客户导向的公司会建立以客户订单为导向的内部协作式、端到端的工作流程，目标是与客户保持互动下的完整可视过程，并确保一个明确、统一的客户交互。非客户导向的公司会将客户的订单按内部职能进行切割，切片式地实施。一旦出现问题，大家都站在职能角度分析解释，多点面对客户，结果客户被当成皮球踢来踢去。

3. 真假客户思维的检验标准之三：交付的质量

是为了close a deal（关闭一个订单），还是把交付当成一个可获得完美体验的机会和过程，在此客户导向的分水岭就非常明显了。非常多的优秀客户导向公司会把交付环节当成深度客户洞察、服务和营销的绝好机会，甚至会如前述古总的企业一样，用超出客户预期的承诺去倒逼企业内部的运营。客户能获得完美体验，企业自然就会得到口碑、品牌传播和新的营销机会。

4. 真假客户思维的检验标准之四：损失处理

产品交付或使用过程中，出现瑕疵在所难免，非客户导向的公司会被动等待投诉和抱怨，在处理问题时也会首先站在"让我损失最小"的所谓企业思维之上，殊不知恰是这种企业利益优先的思维常常让企业捡了芝麻丢了西瓜。真正客户导向的公司会首先站在客户的角度理解其急切与焦虑，以本着解决客户问题的立场去做事，直至获得满意的结果。家用吸尘器品牌"小狗"，就向客户喊出"终身包换"的产品主张，很多人担心企业利益会受损，但小狗电器创始人檀总却说：要相信客户都是善意的，他们绝不会恶意换货。事实上，换货损失占其销售总额不到3%，但企业却赢得了市场口碑和近几年成倍的高速增长。

经营管理者和企业家朋友们可用这四把"尺子"卡一卡自己的组织,也许会吓一大跳,发现原来自己的客户导向是如此虚假!心惊之后就赶快行动吧,答案与努力方向也尽在这四个标准中。

→进入"商业觉醒大学"公众号"企业CT"栏目,开始"企业客户导向性"评估

本文首发于《商业评论》杂志2016年6月刊,题目《检验客户导向的真与假》

24

销售，首先是门科学

有趣的故事

几年前，某知名上市公司发布了千万元规模的管理咨询招标项目，号称要寻找顶级咨询公司进行合作。一时间江湖躁动，大腕云集，各路英豪施展出各自看家本领，以期摘得头魁。谁知最终该上市公司决定放缓合作项目，满怀期待的各家竞标者空手而归。三年后，该公司再次发出征召令，启动搁浅的项目，这次李总监所在的国际咨询公司也得到了正式邀请。

这会是一个认真的项目吗？会不会又是一场儿戏？带着深深的疑问，李总监的团队来到了客户公司，公司副总廖总接待了他们。例行的介绍之后，是廖总滔滔不绝的一个小时的讲话，谈为什么要做这个项目，项目的目标是什么，以及其企业的全球行业地位和选择咨询公司的严苛标准。慷慨激昂，锋芒毕露，整个过程无不显露其典型性格特征：好面子、有野心、专制、直率，重事不重人，不会关注细节，只要结果。李总监看得真切，开始心中有数，知道该如何与廖总沟通了，他决定一试身手。

轮到李总监发言，他清清嗓子，条理清晰地讲解完既定内容后，突然话锋一转："请问廖总，三年前你们的项目无故暂停了，江湖传言很多。大家都很担心，这次你们是真想清楚，下定决心了吗？"好面子的廖总想必是第一次听到有乙方发出正面挑战。但正如李总监所料，廖总为了捍卫己方的口碑和地位（当然李总监所在公司的行业影响力也不得不让廖总重视），认认真真地解释了上次流标的原因，并强调这次有哪些不同——为了做好这次咨询项目，公司成立了由董事长挂帅的项目组，董事长亲自负责执行，有明确的预算和时间表，等等。

初步认定，这是一个真正的销售机会！李总监开始兴奋，也投入十二万分的专注，与廖总展开了坦诚的沟通与对话。第一次客户交流取得圆满成功。

成功的奥秘

客户公司和廖总本人在此项目的真实需求究竟是什么？李总监自问。

如果停留在招标书上描述的内容，就此应标，李总监团队岂不与竞争对手处在同一理解水平，怎么能在方案上脱颖而出？探究客户深层次的需求迫在眉睫，为此李总监再次拜访了廖总。

李总监"投其性格所好"，首先夯实了与廖总的个人关系，沟通有效地深入下去，客户公司和廖总本人的核心诉求浮出水面。客户处于成为世界第六（中国唯一）的机遇时刻，但脚跟尚未站稳，与巨头同台竞技，管理存在明显短板；廖总作为副总，有其升迁动机，曾经位列全国十大上市公司最佳CFO的背景，以及凡事都要出类拔萃的雄心，使他在这个项目上有他的目标：要让该项目成为行业的全球经典案例，可以在无数场合被业界推崇。这些，才是此次项目的核心需求！

自此，方案的方向以及如何影响决策的策略一并在李总监的脑海里勾画清晰。随后便有了配合世界级案例的项目团队组建、客户深度访谈以及解决方案打磨等关键售前活动。

谁是这个项目的真正决策人和购买者？尽管廖总斩钉截铁这个项目他说了算（直爽风格再次呈现），但老谋深算的李总监还是在企业深度访谈中与董事长和总经理进行了间接确认。的确，廖总是最终决策者，向他销售即可。

那么，竞争对手是谁？根据历次交手的经验，如何应对竞争对手低于李总监公司至少30%的报价？除了方案的精雕细琢，李总监从一开始就强调价值交付，并不断沟通与放大世界级案例需要的能力与可能面对的风险，以此来让客户公司和廖总看到自己对这个项目核心诉求的深刻理解和充分关切。同时李总监不断给客户预期：世界级的案例需要世界级的团队与解决方案，当然就应该有不同的价格预期，并明确暗示价格会比所有竞争对手都至少贵30%~40%。这种无形的心理暗示不断建立客户的认知，让客户在最后报价时刻不至于惊讶甚而甩手而去。

这样的沟通，确实带来了客户对李总监公司和团队的超高预期，于是客户迫切想知道李总监团队方案的具体情况。这时该不该去向客户讲方案？团队深知，客户一定会对方案满意，但李总监并没有安排这一环节，为什么？因为他清楚地知道客户的决策流程，这时讲得再好，客户也只会在招标流程之后决定最终的胜出者。除非客户改变流程，或在最终讲标PK时团队还有额外的惊喜给客户（当然需要更大的售前资源和成本的投入），否则，打住！其实竞争对手也希望你较早露底。

果如所料，李总监团队赢得了这个项目。到此，一个成功的销售案例画上了句号。但精彩还在后续，这本是一个三期的咨询项目，招标只确定第一期。是按客户口头承诺的那样等第一期结束后再谈第二期和第三期，还是深刻把握中标时刻的"新婚燕尔"，把生米做成熟饭？"关键时刻"和"销售成本效力"的训练，让李总监果断选择了后者。最终他利用自己的谈判技能，将一个1000多万元的咨询项目硬是变成了3000万元的合同。

有什么问题

无疑，李总监演绎了一个教科书般的销售案例，这样精彩的案例与顶尖的销售人才想必不少企业也不同程度地拥有。正是这样的人才奠定了企业的"江山"。然而，这些人才仿佛横空出世，难以复制。渐渐地，销售新人不能脱颖而出，李总监们终将孤身难敌，组织的销售瓶颈无法破解。

为什么销售新人的培养如此举步维艰？我曾采访过很多中小企业的销售主管，问及这个问题时，几乎无一例外，主管们都会说：销售才能是天生的，销售很复杂，销售得靠灵感、个人魅力与艺术。所以，大家都在翘首以盼"天才"的降临。

把销售完全当成艺术会是组织的灾难，更会是销售人才选拔与培养的黑洞！

案例的解构与问题的破解

销售首先是门科学，然后才是艺术。科学性主要体现在销售方法论和销售技能上，艺术性体现为情商与心灵连接。从上述案例中，能看出来李总监绝对是经过科学性销售培训与历练的高手，他娴熟地运用了以下销售要件。

（1）甄别判断（Qualification）。不断判定销售机会的真假，以决定是否继续。绝不在无效的机会上浪费销售人员与公司的精力与资源。初次接洽时，看似冒风险的问题也要像李总监那样做验证性的发问。

（2）销售进程（Process）。与客户采购和决策进程保持匹配。解

商业觉醒

决方案的呈现坚决只在投标环节，绝不逾越阶段。

（3）定价（Pricing）。知己知彼，始终摸预算与抠预算。改变与引领客户对价格的预期，绝不在最后一秒给人无法接受的价格惊讶。

（4）权力图（Power Map）。清晰客户的决策权力图，对决策者（廖总）进行销售。

（5）职场风格（Social Style）。把握人性，了解销售机会中关键人的决策风格与性格特征，投其所"好"，差异化应对。

（6）关键时刻（Critical Timing）。精准把握关键时刻，如中标后三期合约机会的把握与争取。

（7）销售策略（Strategy）。卖"信任与感觉"，紧扣"世界级案例"的核心诉求。

（8）销售效能（Efficiency）。销售力驱动的高效能销售，整个过程李总监首先扮演的是一个导演，而且写了个好剧本，并在几个关键环节做了个好演员。

将科学性变成销售方法论，销售就可以被培训、被复制和传承，组织的销售力也才可能被放大和根本提升，这就是销售科学性与艺术性认知问题的根本价值所在。销售，首先是门科学。

本文首发于《商业评论》杂志2016年11月刊，题目《销售，首先是门科学》

25

向IBM学销售方法论

李总监跳槽了。依凭国内顶级咨询公司高管经历和钢铁行业金牌销售背景，到某世界500强咨询公司，担任合伙人，主管北方区业务。

顶着光环，带着新头衔，又是熟悉的咨询行业，还是自己轻车熟路的销售工作，李总监如沐春风，轻松地上阵了。

第一周的周五到了，吃过午饭，刚刚落座，叮咚，老板发来一封邮件，要求李总监按照模板准备一下称作Weekly Cadence Review的文件（后来李总监才知道这叫销售审查与预测周报）。做呗，这有什么难的，老江湖还怕新花样！

可打开文件一看，李总监发蒙了，一大堆名词看都看不明白，更不用说准确填写和汇报了。对付呗，反正销售不就那些事儿吗？

想必读者能知道答案，第二周周一上午的销售例会上，李总监开头开得很艰难，每一个他认为想当然的回答都遭到了老板强有力的质疑。同样是销售高手出身的老板，加之大公司严格的销售管理训练，每一个逼迫式的发问，都直指每个销售机会的本质。为什么老板能对他自己并没参与的项目有如此精准的提问，并能清晰地指导下一步的销售重点该从哪里开始，每个销售机会下周应该推进到什么程度？李总监一边汗流浃背地应对着，一边有所触发地思考：过去凭经验、凭一线冲杀的销售玩法，在今天面对训练有素的下属团队可能真不行

商业觉醒

了,得向老板那样有"神眼"去管销售了。

一段时间的适应之后,李总监终于知道,这套模板、周例会以及老板的审查会议,其背后的支撑其实就是一套全球适用的销售方法论。这套方法论不仅管理着十几万人的销售团队,还支撑着一家公司一年近千亿美元的销售收入。随着不断适应,李总监还发现,这同一套方法论统领着跨度极大的不同业务,还能把一个个大学毕业的新兵在一两年的时间里训练成合格的销售人员。真是不可思议,李总监大开眼界、大长能力。

IBM的客户价值方法

这家公司就是著名的IBM,一家严格注重销售方法论,并且与时俱进,与战略协同不断提升销售方法论的公司。以下就是IBM从2008年开始全球部署的销售方法论升级版——CVM(客户价值方法)。

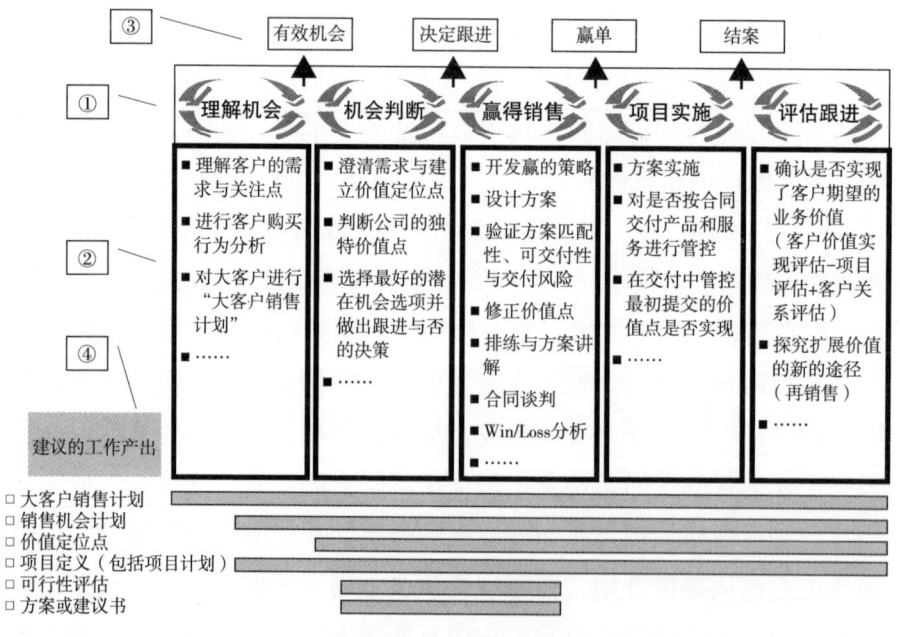

IBM的客户价值方法

124

CVM销售方法论有四个重要组成部分。

（1）将销售过程根据历史经验和最有效的销售推进设想，提炼划分成几个销售阶段或者销售里程碑。

（2）明确每个销售阶段的主要输出成果。

（3）确定每个销售阶段应开展的主要销售和售前工作。

（4）对销售过程中的主要工作产出进行设定。

销售方法论如何形成

1. 步骤一：基于历史数据和经验形成赢率模型

任何一家有经营历史的企业一定是有销售行为的，也一定是有销售业绩的。在将经验沉淀为销售方法论时，首先要设计出属于自己的赢率模型。具体来说，对一个刚开始接触的一般销售机会，要弄清楚如何分阶段、分里程碑地把它赢的概率从0%提升到100%，并最终赢下来？中间有哪几个明显的赢率上升阶段，各阶段有什么样的显著识别特征？这样公司的销售机会就可以被量化评估和跟踪，同时公司也能指导每个销售人员一步一步从低赢率向高赢率提升和推进。

越是有总结、有历史数据分析提炼，也越能形成经验丰富的销售高手的智慧结晶，公司总结形成的赢率模型就会更加准确与科学。当然，模型可以不断被修正，趋于合理，沉淀总得有个过程。

2. 步骤二：设计按里程碑分布的销售方法论

如IBM的CVM销售方法论，可以设计属于自己公司的销售阶段（里程碑）、各阶段的销售输出成果、各阶段的主要销售和售前工作，以及各项工作的主要产出。对于时效性要求较强的销售，还可以在销售方法论中加入每个销售过程完成的期望时间。同样，对于那些需要多个职能部门和岗位配合才能完成的复杂销售，也可以在各销售阶段加上销售团队的主要角色配置。

在此基础上，如果希望公司的销售方法论更加具有操作指导性，还可以将每个阶段进一步细化成销售作业书，配以案例和场景，甚至话术和Q&A，那么任何一个新加入销售团队的成员的培训和学习就会快速到位。

但要确保销售真正成功，销售方法论务必抓住销售精髓，在设计中嵌入以下共性因素。

（1）在理解客户和销售机会时，这些环节至关重要：理解客户的核心诉求（痛点或关注点）、识别客户的购买行为、确认客户的类型、确认项目是否立项并探究预算、探究客户的决策流程和选择标准、识别项目的权力图与关键人员并探究其个性。

（2）竞争性分析。了解竞争态势，包括主要的竞争对手及其在该客户或销售机会上的优势、劣势以及客户关系的推进情况等。

（3）对于决定跟进的客户或销售机会，为了赢得销售，需要关注以下因素：紧扣客户诉求的独特价值主张、赢单的策略与主题、关键客户关系的持续覆盖与推进、竞争性动态跟踪、产品或方案的设计与验证、价格策略与最终定价、销售计划与有效性持续跟进和相应调整。

这些因素应体现在销售方法论的特定阶段中，但销售实践不可能只是一个阶段性工作，需要在不同阶段被反复探究和更新。

3. 步骤三：将方法论转化成销售机会跟进模板

根据销售方法论设计出的销售里程碑，以及其下的各项销售工作，必须按实际进展，按周跟进描述和记录。这样，每个销售人员就可据此推进销售，销售主管也可以据此进行准确的管理和预测。就如文章开头李总监和其老板的周例会场景一样，管理会变得有效且具体。

无论是To B还是To C，只要单笔销售金额较大、有一定的销售周期，都需要设计属于公司整体的销售方法论。比如链家地产按此思路开发的销售方法论，管理着每月逾10万的租房和二手房销售机会。链家的高速发展和行业领先地位，已足以显现销售方法论对销售的重大贡献和价值。

本文首发于《商业评论》杂志2016年12月刊，题目《向IBM学销售方法论》

26

是时候捋一捋你的产品了

两年前第一次见到朱总，他意气风发，激扬江山。朱总亲手创立的企业，几年光景就进入了发展的快车道，年销售规模已达5亿元，跻身行业前10名，还成为地区工厂现场管理的典范。在探寻企业成长的核心能力和路径时，朱总竟然告诉我，他的企业比行业第一名的产品系列还要全，能满足客户的所有需求！请注意，行业第一名已是上市公司，年销售收入超过100亿元。简直是匪夷所思的战略！

我继续追问朱总，在他的所有产品系列中，有没有相对集中的几个系列有较大的市场规模？之所以谈系列，是因为其企业的产品特点是多品种、小批量，基本都需要根据客户需求做定制化。朱总回答说，有好几个系列的市场规模本身就有几十亿元甚至上百亿元。我问："那你们在这几个产品系列上有没有显著的竞争优势？"他斩钉截铁："绝对有！"我追问："既然有优势还有高容量的市场规模，那为什么你们不选择聚焦在这少数几个系列产品上发展呢？"朱总迟疑了一会儿说："我们是小企业，品牌竞争力不强，公司得生存下去。哪里有机会、有需求，我们都得去抢，于是不断叠加，形成了今天的状况。"我说："过去可以这样，今天你已具备生存规模了，要考虑如何创造竞争优势，形成领先对手的竞争格局。为什么不考虑在细分领域采用产品聚焦的战略呢？如果沿袭过去的老路就仍是机会主义，机会主义怎么可能做大呢？"也许这最后一句话刺痛了朱总，他回敬了一句："我们做企业可不像做学问那样理论化，得实战啊。"关于产品聚焦的话题就这样无果而终。

　　一年多以后，我又被朱总请到公司，对全体业务骨干做"客户价值导向的市场营销和销售方法论"的工作坊。我们按照系统和工具的方法一步一步来梳理，并且邀请了全体高层和一线的客户经理共同探讨。这一次，没有任何抵触情绪。水到渠成，三天后形成了朱总公司的营销战略（包括价值主张、品牌定位、客户定位、产品定位和营销渠道定位），统一了大家的思想，并形成了贯彻战略的全国统一的独特销售方法论。在产品聚焦战略上，我们达成了高度的共识。牵挂的事，终于在我心里落了地，竟然是在整整一年多以后！

　　那么朱总的产品聚焦定位是怎么达成的呢？究竟采用了什么样的逻辑"化干戈为玉帛"？

定性分析：产品生命周期分析法

　　每个产品都是有其生命周期，从导入期、成长期、成熟期到衰亡期，直至最终退出市场。因行业和产品不同，生命期有长有短，产品规划者必须看清自己所处行业产品演变的周期规律，从而前瞻性地规划出自己的产品组合以支持公司的战略诉求。如苹果手机，为了确保高定价的产品策略，面对不断涌现的竞品，苹果就得将新产品推出的周期控制在1~2年，这样老产品到了成熟期或衰退期，新产品迅速跟上，既能保持品牌的市场占有率，又能保持均衡的利润率。产品系列的组合规划也应该保持如此的节奏，否则就可能遇到今天苹果公司的窘境：手机整体下滑进入成熟偏衰退期，而其他快速增长的产品系列又没能及时推向市场，公司进入了低迷状态。

朱总公司的产品生命周期分布

行业 企业	导入期	成长期	成熟期	衰退期
导入期	G，H	F		
成长期		D，E		
成熟期		C	B	
衰退期			A	

基于产品生命周期的分析，朱总的产品组合策略是：逐步退出A系列；收获并减少投入B系列；收获并加大投入C系列（因为公司的发展快于市场进度）；加大投入D和E系列，跑赢市场；迎头赶上F系列（因研发落后于市场进度了）；培育G和H产品以拥抱未来。

定量分析：产品增长/份额矩阵方法

依据产品增长/份额矩阵（也叫波士顿BCG矩阵），可以从市场整体角度按照各产品系列市场份额的占比和容量，以及增长性，对公司销售中和规划中的产品进行定量的分析，从而发现以下几点。

（1）对高市场份额而低增长潜力的摇钱树类产品需要加大市场力量进行收割，获取高现金流。如朱总公司的A（负增长）和B产品（不增长）。

（2）对既有高市场份额，又有高增长潜力的明星类产品需要采取继续投入并稳固市场份额的策略。如朱总的C和E产品，市场高速增长；D产品市场增长也较快。

（3）对低市场份额和高增长潜力的问题类产品，需要决策是加大投入力度将其推进为明星类产品还是选择撤退。朱总公司确定对F产品需要加大投入快速将其推为明星产品，而对G和H产品（偏更低市场份额）需要不断研发等待市场的增长期。

（4）对低市场份额和低市场增长的瘦狗类产品就需要进行清算，从战略上坚决退出。

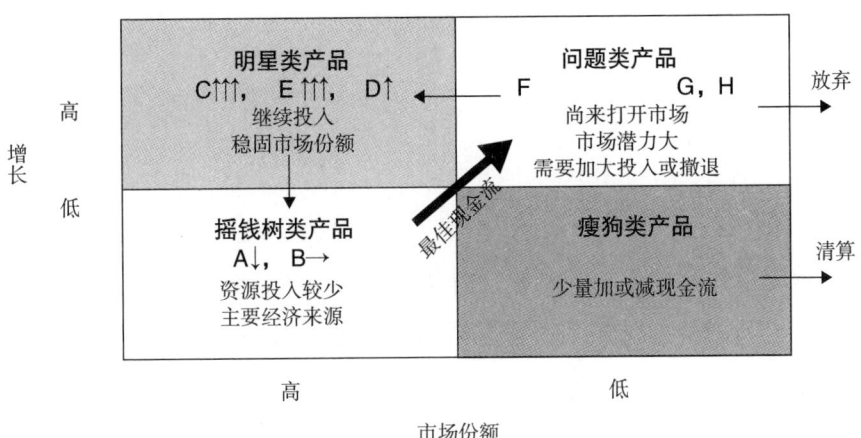

产品增长／份额矩阵分析

贡献性分析：产品贡献系数分析法

重视贡献是一项组织的原则。德鲁克先生在《卓有成效的管理者》一书中反复强调，并在《成果管理》一书中对产品的贡献系数做了数据化的系统阐述。他从财务损益的角度进行了精准的公式运算，并归纳了管理者所熟知的11种战略指导性的产品系列。

德鲁克先生所说的产品贡献系数，指产品随产量的增减而创造收入的能力。它具体指某个产品每创造100万元的销售额贡献纯收入的能力。计算公式如下。

$$产品贡献系数 = \frac{贡献的纯收入占纯利的比利}{产品收入值} \times 100$$

商业觉醒

通过产品贡献系数的分析，就可以将公司产品分为战略上对应的11种：今天的生计来源、明天的生计来源、昨天的生计来源、能创造价值的特色产品、开发中的产品、失败的产品、需要采取补救措施的产品、多余的特色产品、没有存在理由的特色产品、管理层自以为是实施的投资、灰姑娘（或蓄势待发）的产品。

据此就可一清二楚地计算和判断朱总公司的产品系列：A和B属于今天的生计来源；E和H属于明天的生计来源；F和G属于开发中的产品；D属于特色产品；C属于灰姑娘（蓄势待发）的产品。

综合上述三种方法的逻辑分析就可以得出清晰的产品组合战略。

（1）收割处于成熟期、摇钱树类的、贡献系数稳定或逐步下降的今天甚至昨天的产品，可以用促销等手段，快速回笼现金。如朱总公司的A和B。

（2）聚焦资源于快速成长期或成熟期、处于明星类的、产品贡献系数快速提升的明日生计来源或能创造价值的特色产品、蓄势待发的产品。如朱总的C、D和E。加大营销发力，跑赢大市并抢占市场份额，从明星变成新的摇钱树，支撑明天的生计来源。

（3）前瞻性储备与判断导入期、问题类的和处于低贡献系数的产品。对朱总的F的策略是研发和市场投入，追赶竞争对手，减少落后差距，以期成为明天的明星产品。对G和H不断洞察市场和竞争对手，从而决定是加大技术投入还是选择撤退。

（4）坚决、坚定地撤出既衰退、又是瘦狗或永远进入不了明星类的问题类产品，长期负贡献系数或连续贡献系数下滑的产品也属此类。如A产品。

这就是产品组合战略设计的逻辑和方法。它的力量不可估量，自从产品战略聚焦和定位清晰后，朱总公司又进入了快速增长期。

→ 进入"商业觉醒大学"公众号"企业CT"栏目，开始"产品竞争力分析"评估

本文首发于《商业评论》杂志2016年8月刊，题目《是时候捋一捋你的产品了》

27

极致产品的痛点设计

这一期的私董会"炸锅"了。不是传统场景中某位企业家被打到痛点，也不是众位企业家因智慧碰撞产生了新的创意，而是左总带来的两把椅子引发了"碰撞"。

三言两语的介绍之后，左总开始了他的椅子魔术：椅子的头枕可以根据身高、坐姿上下前后调节；腰部有个支撑可以上下移动；椅座与大腿的结合符合人体坐姿形态；椅背也可上下调节，使用者可端坐，可45度斜靠，甚至可以基本放平，并有可折叠的腿脚支撑架。这不正是办公室工作人员中午小憩最需要的一把"神椅"吗？在如此放平的椅子上，左总竟然双腿穿过脚部支撑架，开始了仰卧起坐运动，一个，两个，三个……天哪，简易床变运动器械了。还有，椅子的扶手是带记忆功能的不锈钢材料，收直后可以回到使用者感觉舒服的状态。新型的尼龙材质椅背完全符合欧盟标准，椅子来回平放可达30万次，这意味着几十年的寿命……

没等介绍完，平日里矜持的企业家们便一个个抢着去体验，没有一个人不为这把饱含"哇"点的椅子叫绝，左总这位坚守工匠精神的产品创造者更是赢得点赞无数。

这一幕，正是极致产品"消费场景化"的真实构想与展现。

在左总的椅子展示中，他至少给了我们三个场景。

1. 用户痛点的深度感知与满足

久坐办公的人期望的就是一款坐着舒服、还可以放平让自己躺下午休的椅子。中午困了要么趴在桌子上，要么歪在椅子上，总之浑身不舒服。左总的办公椅能坐能躺，还能用来做仰卧起坐，舒适与乐趣两不误，这样的场景难道你不喜欢？

2. 用户隐性需求的挖掘与引导

在解决了办公人员基本的坐、休息与运动之后，用户会对办公椅在智能办公中的角色产生更多期待。面对办公人群中80后、90后成为多数的现实，在后续的升级版中，左总将对休憩的私密性、智能化等多项用户隐性需求再做挖掘，一种释放想象力的未来办公场景出现在每个用户的期待中。

3. 用户充分参与下的体验反馈与设计提升

这样两把椅子在现场，激发了现场每一个"用户"的参与感。有的躺上去做翻滚测试，看是否会有睡着后无意识翻身摔下的危险；有人提出休息时锁定轮子的建议……一个又一个鲜活的用户反馈与改进建议涌现出来，如此的产品改进场景，其功效可能数倍于设计部闭门造车式的单向运作。

也恰是在第三个场景中，一个深刻的极致产品的痛点设计理念被大家揭示出来。

上述的一切，让我们看到的更多是一款拥有超强功能和高性价比的产品，让人"哇"，让人尖叫，但可能达不成爆点销售的效果。为什么？因为办公椅的购买者从来就不是以上提到的用户——普通办公人员，而是公司的高层或老板。如何触动他们的购买决策呢？

随着公司经营者对员工价值的认识深入，员工更多地被视为商业目的的一部分。越来越多的企业开始了新一轮的管理升级之路，人本管理、家文化的打造逐步呈现出社会化趋势。

这时，如果我们的产品能够最大限度地被赋予人格化，命中用户与顾客周围的情感连接，好产品就真能开始说话了。当这款办公椅成为企业客户实现员工关怀的载体，冰冷的椅子就一下子被赋予了温度，在场所有的企业家马上会产生用这款椅子去关爱员工的热情与欲望。有温度、有情感连接的产品，使用者怎能不心动？购买产品的决策者难道会逆心而动、逆势而为？

所以，要想拥有极致的产品，除了我们已经熟悉并逐步深入实践的用户思维，我们更应该将用户的需求演变成具体的消费场景，而且这个场景一定要符合消费者的心智想象力，这样才能勾起消费者使用的欲望。想想我们看广告时的感觉，那些一味宣传强大功能的产品，有几个能让我们驻足呢？可口可乐的广告中又为何总会出现挥汗如雨的运动场景？

一言以蔽之，要让产品触碰到让顾客的痛点，应该赋予产品功能与使用场景之间的情感连接，让产品人格化。当产品的使用成为他／她的心愿时，消费的欲望就将立即转换为真实的购买行动。

本文首发于《商业评论》杂志2015年6月刊，题目《极致产品的G点设计》

28

躲不过直播带货怎么办

新冠肺炎疫情下,很多传统线下企业纷纷尝试直播带货,董明珠也为格力"带"了一把,虽然首播结果惨淡,但第二次直播却打了漂亮的翻身仗,一下子带货3.1亿元,后续的直播带货业绩也持续攀升。

董明珠的直播翻身仗

1. 如何打翻身仗

董明珠第二次直播的成功点很清晰:不仅在准备上更加充分,还选择了专业网红来带货,董明珠只做开场,另外就是更换了直播平台,在快手上直播。

抖音流量分发逻辑和快手不同,抖音是以内容为主宣发,它会使头部网红的流量分散,却很容易给内容增粉。而快手以主播为逻辑分发,有很好的"私域流量池"。从这方面讲,抖音适合做品牌宣传,而快手更适合带货。

最为关键的还是商品选择,观看直播的大多是年轻人,消费力有限,所以首播"带"的万元产品没有多少人下单,而第二次"带"的都是亲民产品,符合消费者的需求。

2. 销量为什么这么大

董明珠36岁下海，从零做起成为中国的标杆女企业家，已化身为很多人的精神标杆，所以她本身就是自带巨大流量的网红。

网红之所以能促使消费者快速成交，是因为其核心用户群体是年轻人，年轻人当然会考虑商品的性价比，但"社交货币"也是他们所看重的，有时候只要喜欢，即使"剁手"也要购货，这种看似不理智的行为其实很理智——性价比已经超越商品物质功能而到达精神层面了。

直播带货为什么火

1. 个体崛起的时代

经过全球化分工的这几十年，我国建立了最完备的供应链体系。如今，作为个体，每个人都不难找到完善的供应链。

自建产业链后端——仓储、分销体系和线下店铺，这在以前个人是很难实现的。但是互联网和成熟的物流公司却将原有的产业链（包括从原料到生产环节的前端产业链）完全打通了，销售已变得容易，甚至无须网店，在朋友圈就可以直接卖货，个人卖货成本和操作难度大幅下降。

现在任何一个有梦想的普通人去专注一个细分点、聚焦差异化，就有可能收获一定的财富。比如网红通过直播带货，就构建成了一个交易量极大的商业模式和平台。

2. 福祸相依，危中有机

我们现在很多的消费习惯都是4G技术带来的。由于4G的诞生，我们习惯了视频交互，也为直播带货带来了机会。

新冠肺炎疫情的影响将很多不愿意尝试网上消费和体验的人推向网络，不得不接受4G时代的信息输送和消费习惯。

3. 人和事不违

直播带货看似是一个新事物，实则不然，其实人们在接受这样的"新"事物之前，已经过了长久的消费教育。

马云"让天下没有难做的生意"，培养了大众网上购物的习惯；王思聪"败家"玩直播，让大众意识到直播是个好生意。

疫情使线上消费激增，而增加的消费者绝大多数是中老年人。中国几乎全年龄段都接受了网上消费、看直播购物。

直播带货如何操作

直播兴起，但并不是任何产品都能通过直播卖得好，董明珠卖上万元的家电就"翻车"了。

选择销售模式时要清楚应该卖什么及消费者是如何决策的，直播带货也不例外。

1. 卖给谁

直播带的货是卖给年轻消费者的，他们是看直播的核心人群。

卖什么？首先，售卖高性价比产品，让客户觉得超值；其次，高频刚需的产品会有大量的复购需求；最后，要附带价值属性。

2. 怎么卖

要找年轻人喜欢的渠道售卖。直播带货基本分为网红、明星、公司代言人和公司员工带货几种。其中网红带货的效果遥遥领先，一方面是他们的专业性，但更多的是因为他们获得了消费者的喜欢和认同。这就是直播带货的逻辑，因为喜欢主播，所以基本不怎么考虑就购物了。年轻人购物一个很重要的心理特征，就是在价格没过分超出其消费能力的前提下，喜欢你没商量。

当然，直播选择的商品基本上是高频次消费且可储存的快消品，对场景的要求不大。另外，限时优惠等促销策略让消费者在那种情境下无法做出有效思考，所以直播销售通常退货比率相当高。

商家的经营重塑之路

直播带货的平台很火、主播很火，但背后的很多商家其实想哭。

在整个直播带货的价值链中，商家需要给平台和主播相关费用，加上追逐所谓的全网最低价和后期的高退货率，大多数商家其实在这场盛宴中收获并不大。

但是当下直播带货已经成为一个很重要的销售通道，没有哪种销售方式能够像它一样成交如此之快，且成交量如此之大，所以商家必须加入这场竞争并展开"拼杀"，这就会倒逼商家进行经营重塑。

1. 构建"私域流量池"

平台上的流量都属于公域流量，所以成本越来越高。只有搭建自己的"流量池"，才能更好地与消费者互动，产生高频价值。

2. 推行成本领先战略

将成本领先作为企业最重要的战略，从而降低相关环节成本，重构产业价值链。尤其在很多行业已经比较成熟的时候，要取得技术性突破已非常困难，通过智能化降低人力成本，采取临时用工方式成为企业必选项。

3. 开展数字化经营管理

引入数字化管理技术，优化运营，从而提升经营效率。传统的营销和客户管理比较粗放，感性决策偏多，理性指导的经营决策偏少。随着"数字化基建"越来越成熟，通过数据指导经营决策，通过数字技术管理客户，将会大幅提升企业效率。

4. 进行品类创新，差异化经营

企业必须在品类上实现创新，找到差异化，老树必须发新芽。比如已成熟的泡面行业兴起的"拉面说"塑造了高端泡面的新品类；成熟的白酒行业中传统酒商根本不理解的迎合80后、90后用户的"江小白"异军突起；传统理发行业也出现了"快剪"。消费者的心理需求在不断变化，传播的媒介也在发生变化，很多行业都可以换新的玩法，差异化才是企业实现价值的最好手段。

这些经营变革一旦成功，商家就没必要那么纠结是否要走直播带货通道了，因为你的企业已经借上直播带货的东风，完成了核心竞争力的再次重塑。

本文首发于《企业管理》杂志2020年8月刊，题目《躲不过直播带货怎么办》

29

直播带货暂不具备成为主流商业模式的特质

2020年特殊的环境催生了直播带货的风潮。专家学者们认为是又一个巨大风口出现了,不可错过的新商业红利或商业模式正在到来。真是如此吗?

我看未必,理由有三。

(1)当一个商业模式,只有平台和少数大V赚钱,商家全是亏损和赔钱的时候,游戏终有玩不下去的一天,直播带货就正处于这样的窘境。

(2)商家亏损时,必然会推出所谓区隔其他销售通路的专属直播带货的产品或副品牌、新品牌,以追求低价低成本,产品品质自然也会下降。因为整体来看,物美价廉和高性价比不是说说就能做到的,毕竟这是一个全球全社会供应链紧密协同的时代,单靠商家自己是很难完成的,何况现在中国市场也不是一个商家普遍高盈利的市场,利润本就很薄。硬拼低价,低质是大概率事件,这样的"开倒车"是现实不允许的。

(3)对于依靠主播煽动瞬间刺激冲动消费的带货模式,在收入不充足和对未来消费信心不足的时候,消费者终归会回到理性决策和低欲望消费,与其买回来粗制滥造的产品让自己不顺心,不如干脆不贪这个便宜。

所以，整体来看，直播带货更像疫情之下复工不复市的一种应急反应。或许将直播带货的功能定位在谋求品牌曝光、竞争应对、消费者互动，以及倒逼成本结构优化和产品迭代升级更为合理。依靠直播带货来打造和成就商业模式，对商家来说绝对是危险的。

本文首发于"志宏话商业觉醒"公众号2020年4月27日，
题目《李志宏：直播带货暂不具备成为主流商业模式的特质》

第4章 组织创新

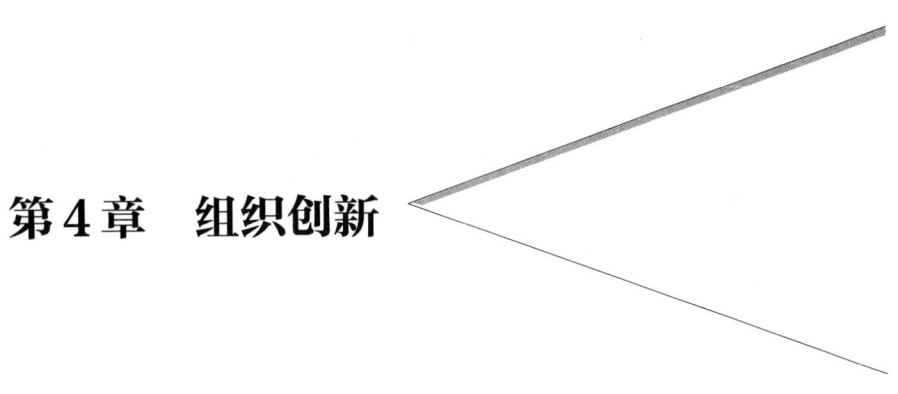

30

创新基因可以培育吗

又到了私董圆桌会议的日子，忙碌的企业家身影又重现在私董会现场。或兴奋，或安静，或带着困扰等待援手，大家总是如约回到这个激发思想与智慧的场域，开始又一个两天的"道场"。

午餐桌上，不知哪位企业家触发了关于创新的话题，一下打开了大家的话匣子，于是乎成功的企业家们一个一个如数家珍，晒起了各自企业申请的国家专利数量和研发投入：20项，6%；30项，6%；50项，8%……最多的一家企业申请的专利数已达200项，还有一家生物科技公司的研发投入达到销售收入的14%，把研发中心建在台北，由国家863首席科学家领衔研发。特别是当今广东中小企业，它们不仅走在了市场经济的前沿，更走在了依靠技术创新和产品升级、探索产业升级的最前沿。

对比上市药业公司有着近百亿元的销售收入，去年申请国家级高新技术企业，竟然没有一项专利，不得不依靠关联子公司获得的专利来凑数。

我们不得不思考：如何寻求企业的创新机理？又如何来培育企业创新的基因？

领导者的危机意识和经营理念

俗话说"要想火车快，全凭车头带"，创新之于企业也是同样的道理。但这里我不想强调企业家本人亲自创新，我更想强调的是企业掌门人对于依靠创新构建核心竞争力的认识有多么重要。几十年来，绝大多数企业是获得了改革开放的红利，在要素优势的驱动下，即使同质化生产和经营，也一样有生存空间和赚钱机会。但今天要素优势销蚀，改革进行战略升级时，我们必须顺应时势，将企业经营纳入依靠创新驱动的轨道上来。要敢于投入研发和创新，要敢于忍受转变的阵痛或失败，更要有破釜沉舟的意志和决心。掌门人坚定了，企业才会有定海神针，创新的氛围与局面也才能真正形成。

确立员工的创新主体地位

公司领导人若是乔布斯，那固然好，但现实是谁也不是乔布斯，所以坚信全体员工是创新主体并激发他们，才是长远之计。某企业就是一个充分发挥一线工人创新，并将创新融入血液的标杆。比如在生产线的某传送工序中，零件下滑时总是需要值班工人的操作才能准确入位，不仅需要额外的人工，而且还是非常单调乏味的操作。一位一线工人看到这种"冗余"，不断研究、设计、改造该工序设备，最终不但使零件精准传送,而且省掉了该工序人工。正是遵循"将生产线产业工人转变为技术工人"的理念,十几年来,这家企业硬是从员工那里收获200多项专利、20%的制造业净利润率、每亩土地1000万元的税收贡献、细分市场全球第一。

到现场去,看客户如何使用你的产品和服务

"用户至上"是每一个企业和经营者都耳熟能详的词,但盘点经营结果却往往与之背道而驰。改变与激发创新灵感的最大利器,莫过于到客户那里,去探究客户是如何使用我们的产品和服务的。客户应用不方便、抱怨多、成本高的环节,恰恰就是企业创新和突破的切入点。在用户反馈和改变的呼声中升级产品和创新,也正是互联网时代用户参与创新的典型实践模式。

在小创新中前行

我在做某餐饮企业CEO时,曾使用一种叫"企业大讲堂"的方法,初衷是希望在组织中创造一种全员学习的氛围,但不曾想获得了许多意外之喜。例如,某年轻厨师提出将从外部采购的酥皮(每张15元)改为自己生产,于是在接下来的一个月,每天下班后他自掏腰包购买原料反复试制,最后仅花费5元的原材料成本就能做出同样的产品,仅此一项就为企业一年节约了20万元的采购成本。此外,餐后快速收台、降低工作量的技艺传授;确保点菜、下单、厨房制作、传菜、上菜的全套流程电子化和时间节点明晰化的电脑控制系统等各种小创新在企业全面开花,有一技之长的员工争相走上"企业大讲堂"进行分享和传授,使得公司因此获得了餐饮行业国家管理创新三等奖。对一个组织而言,颠覆式创新固然效果显著,但若小创新能蔚然成风,点

滴积累一样可以有大突破。

创新的机制氛围

"联想不够酷"，在移动互联网时代的创新当口，有人质疑联想，对话柳传志："当初FM365可是一个非常好的互联网业务，在联想却死掉了，今天联想还能成功孕育新业务吗？"柳传志答道："如果当初我们将FM365独立于联想运作，也许就是另外一种情境了，所以今天联想会用新机制去开展新的业务创新。"

一语中的，所以创新的机制氛围是相当重要的。第一，要鼓励创新，就算为了创新付出一些失败的代价，组织也要勇于承担。爱迪生发明电灯并没有失败999次，他只是尝试了999条行不通的路而已。第二，要奖励创新取得成就者，正是因为当初重奖了那位研发酥皮的厨师，创新气氛才得以在组织内蔓延。第三，要从组织层面确保创新的架构。我前面提到的那家在台北设立研发中心的生物科技公司，原先采用R&D高度统一的模式，但在基础研发转化成产品应用时总是不尽如人意，后来这家公司将应用研发整合进事业部，产品开发的针对性和竞争力得到了明显改善。第四，对组织的前瞻或新型业务，或者对极有创新意识的领军人才，可以采用内部创业和合伙机制去激发。不同于现有业务的新模式，是很可能在现有土壤和文化中夭折的，诺基亚、柯达、摩托罗拉，无不是例证。

创新的方法论

创新是一种意识，是一种文化，但更是一种技术，它需要创新者具备一些基本的方法论，并在实践中不断演练，才能最终形成组织和个体的创新基因。结合德鲁克《创新与企业家精神》和《创新者的DNA

有何不同》，我提出一个"创新方法风车模型"，供大家参考。

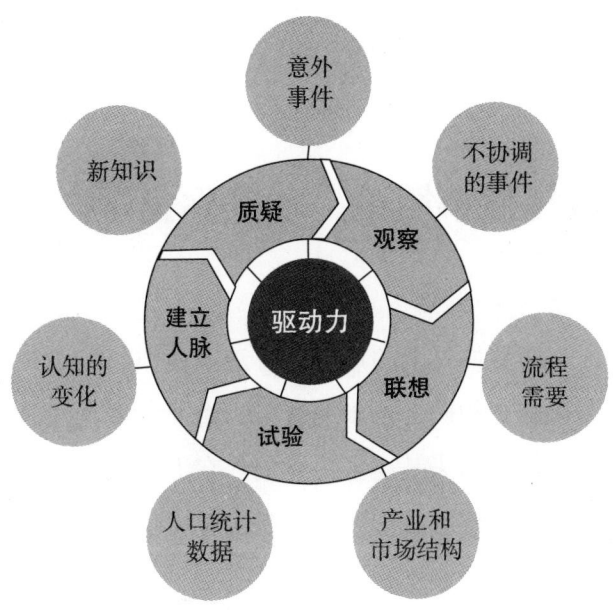

创新法风车模型

风车的外圈代表组织进行有目的创新基于的七个来源；内圈则代表创新者个体可以后天培育的五种创新力；风车的核心是对创新的紧迫感和驱动力。从中我们不难看出，唯有不断升级的目标和内心的驱动才是创新的不竭动力。

本文首发于《商业评论》杂志2015年4月刊，题目《创新基因可以培养吗》

商业觉醒

31

盒马很不简单，不过你也学得会

2020年，一场突如其来的疫情，打乱了我们的生活节奏，使我们与外部世界的接触中的两个场景变得尤为重要：一个是通过互联网交流，另一个是到超市购买基本生活物资。在大多数企业都深陷泥潭的时候，有一家企业将这两种场景结合起来，表现非常亮眼。这家企业就是盒马鲜生。

跨界创新之盒马鲜生连跨五界

盒马鲜生把握住了人们在特殊时期的两个重要消费场景，也就是把握住了人们的刚需，我们来看它的跨界操作。

（1）它做到了线上和线下的完全融合。线上下单，或者线下购买再回到线上APP支付，扩大了会员基础，提升了用户体验，关键是把握了两个用户入口。

（2）它跨越了全球整合供应链。从某种意义上讲，盒马更是一个供应链公司。从全球进货客户最需要的产品，通过用户实际购买的大数据来决策上架或下架哪些SKU商品，确保每一款都能畅销、快速流动和动态调整。

（3）它从原料和商品零售跨界到餐饮成品或半成品加工，做到了餐饮与零售的一体化。

（4）跨界物流，让整合外部物流体系自动承担原本需要超市完成的订单处理、分拣、结账和配送，一气呵成。快递员熟练操作APP，将原来超市多个岗位的分工完全整合由一人完成，直接面对用户，加上现场自动化物流传送系统，快速、直接又精准。

（5）跨界整合用工，向餐饮企业借员工共享卖场服务。我坚信盒马的这次跨界会成为社会灵活用工的新常态，不仅零售行业会常态化使用，餐饮这样的人工依赖性行业也会效仿。这种模式会推动一轮新型用工的社会大跨界，让更多行业员工的生产力得到释放。

从盒马鲜生连跨五界的例子可以看出，当我们抱怨自己的行业竞争同质化，经营压力大的时候，其实应该想一想，在行业的边缘，甚至跨越不同行业，能不能获得新的灵感和机会，像盒马鲜生一样，做到跨界创新，边缘突破。

从边缘入手，突破创新天花板

今天各行业为什么会广泛出现竞争同质化现象？因为行业内的创新已经触及天花板。以餐饮行业为例，如果要和海底捞在服务上竞争，必然要付出很大代价，还不一定能获得成功。海底捞的服务已经做得非常好，而且它出色服务的前提是很高的毛利和翻台率维持的强大的利润，所以能在人工堆积之上形成强大的服务力。而这是行业内绝大多数企业做不到的，这个时候，只有另辟蹊径去发现新的增长模式。

为了打破创新的天花板，常常需要从边缘入手。边缘是什么？边缘是与主流相对的概念，创新就集中在边缘地带。

跨界也发生在艺术领域，比如达·芬奇和米开朗琪罗。他们在人们的生产生活方式发生巨变的历史时期，打破陈规，在重新发现古希腊、古罗马文明的基础上进行崭新的艺术创作，突破不同艺术种类、不同学科、不同历史时期，甚至不同文化，创造了一个艺术巅峰。

同样，我们对行业现状的颠覆以及对不同行业的整合，都需要从行业的边缘地带、边缘人物开始。以江小白为例，这个品牌的产品与整个白酒行业的主流产品大相径庭，但它通过互联网营销吸引了年轻人，因为它深刻理解年轻人对酒的重新定义。酒不仅仅是用来喝的，更可以作为情绪载体和社交媒介。

所以，当把从不同领域、不同学科、不同文化、不同概念中获得的灵感进行交叉创新，就有可能走出新的成功道路。

跨界创新，边缘突破的方法论

下图展示的是我们总结形成的"跨界创新，边缘突破的方法论"，以供大家更好地理解和开展实践。

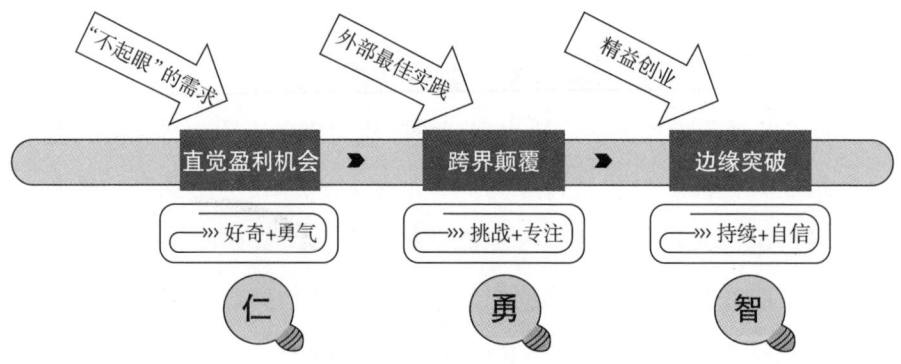

跨界创新，边缘突破的方法论

第一步，洞察"不起眼"的需求，直觉盈利的机会。

不起眼的需求不说明是伪需求，而是我们目标客户真实的需求，只不过还没有被触及，还没有形成主流的产品或模式。就像前面我们讲的江小白，以酒为社交货币、彰显个性与情怀的年轻人的社交需求是其他白酒商家没有发现也不会关注的。再比如单身男女与猫狗等宠物过生活，这样的"家庭"隐含着巨大的、非传统的，但远未被满足的需求。

这些需求之所以不起眼，是因为还没有被行业巨头发现，还处于边缘地带。如果我们能够洞察这些需求在未来的发展潜力，就会发现绝佳的商业机会。所以在直觉盈利机会的时候，切忌一味追求大赛道。大赛道往往是创业和创新的选择陷阱。

第二步，在直觉盈利机会点上进行跨界颠覆。

当我们洞察到这些机会点以后，接下来的问题是我们该怎样通过产品、业态和模式去满足这些需求。这个时候最有效和快速的办法就是借鉴其他行业的有效做法，采他山之石以为己用。

比如，玩具娃娃配套可替换的衣服鞋帽成就了芭比娃娃品牌。再比如，餐饮行业的前店后厂，后厂如果借鉴工业的做法，完全可以做出工业加食品的套路；前店借鉴零售的做法，整合堂食的人流、大厨的手艺、供应链，就可以反过来跨盒马的界，做出大师味的食品，既可以堂食，也可以零售，就是新的餐饮零售集合店，从而形成业态创新。

像乔布斯那样创新划时代的、颠覆性的智能手机，毕竟是极少数，绝大多数的创新还是渐进式的，通过多方的创新向外探索，将其他行业的经验运用到自己行业里，进行借鉴性的改造。

第三步，边缘突破，精益创业。

当我们通过跨界创新初步开创了行业内的新模式、新业态、新产品时，离成熟和获得商业力量尚有距离，也会面临很多问题。这个时候需要进行精益创业，单点突破，快速迭代。保持专注和深度打磨非常重要，往往突破就在付出不亚于任何人的努力和一万小时坚守之后。

这就是为什么一种商业模式得到真正验证不是一朝一夕的事，而需要至少几年的迭代和打磨。快速的成功很有可能只是昙花一现。

"跨界创新,边缘突破"中的领导力

要做到以上三个层面的创新,作为企业家、领导者,需要有什么样的能力呢?这个问题,2018年诺贝尔生理学或医学奖获得者本庶佑提出的"创新6C能力"可以很好地概括。

(1)好奇(Curiosity)。用好奇心打开自我对世界和他人关注的激情,洞悉"不起眼"的需求。

(2)勇气(Courage)。是勇气让一个人敢于去冒险,并致力于解决尚未满足的需求难题。

(3)挑战(Challenge)。挑战可以让创新者打破常规,挑战行业的惯常做法,不走寻常路。同时挑战能力可以打破自我和组织的惯性思维和阻力,让成长性思维取代固化型思维。

(4)专注(Concentration)。难题总在一万小时专注下被突破,在付出不亚于任何人的努力之后豁然开朗。

(5)持续(Continuation)。任何一个模式和创新都是在一个一个单点突破中,不断迭代中趋于完善,最终显现出力量。

(6)自信(Confidence)。自信在上述五项的不断验证中得到验证和强化,从而引领走向不断成功的自我创新力量。

仁爱之心,创新边缘的探求之道

仁爱之心,是洞察客户需求、探求创新边缘的最佳捷径。

当你对他人的痛苦能感同身受,并发自内心地想去解决的时候,价值的机会常常就会涌现。仁智勇三德的重塑与发挥,不仅可以打破创新的天花板,更可以开拓属于自己的边缘地带,走出边缘突破的新增长之路。

本文首发于"商业觉醒大学"公众号2020年4月17日,题目《盒马很不简单,不过你也学得会》

32

把组织做小

张瑞敏带领海尔打破了传统科层制下企业中的藩篱，以"人的价值"为宗旨，通过对"人单合一"模式的实践，创造了世人瞩目的创新型中国管理思想。

从组织上来讲，海尔"人单合一"模式的本质就是把组织变小，核心出发点就是以用户需求为导向。实践证明，这种将传统企业的串联结构变成并联结构的做法，更能适应现代企业的管理和发展。

海尔首创"人单合一"模式

"人单合一"模式是2005年在海尔建立的。其核心就是要把员工和用户需求连接起来，其中人就是员工，单就是指用户需求。

简单来说，就是海尔以用户需求为核心，围绕这个核心，通过员工创新可以不断迭代解决方案。在创新方面，海尔提倡人人都是创客，每个员工都可以成为自己的CEO，充分调动个人积极性，既能达成更佳用户体验，又能创造出更高的用户价值。

在这个模式下，员工不再受管理者管辖，管理者也不用知道一名员工的能量有多大，企业只需要创造一个平台让员工尽情发挥才能即可。

在这个平台上，只有平台主、小微主和创客，每名员工都是一名创客。员工可自由组合，在内部抢单，竞聘成为小微主。

张瑞敏希望在这样的制度下，每一名员工都能成为一名CEO。但这个位置并非一劳永逸，如果项目运行过程不理想，CEO难以胜任，该员工就会遭到淘汰。

在"人单合一"模式下，海尔逐步形成了去中心化的自驱生态体系，以链群合约的形式，协同链群创造用户最佳体验，让所有为用户最佳体验做出贡献的员工、资源合作方等，都能收获增值与分享，实现生态的共赢进化。

这就完全突破了传统科层制的束缚，让企业焕发出新的生命力。

全球300多家公司实行合弄制

海尔的创新，其实是在市场环境变得越来越不确定时的一种管理新思潮的体现。

在2007年，一个名为布赖恩·罗伯逊的人提出了"合弄制"这一公司管理模式，他撰写了《重新定义管理：合弄制改变世界》一书，不仅风靡硅谷，在中国也倍受推崇。布赖恩·罗伯逊也被称为合弄制管理学的开发者和先驱。

合弄制（Holacracy）也译为"全体共治"。合弄（Holon），即"子整体"，指一个事物既是独立自主的个体，同时又是相互协作的整体。合弄制模式相当于一个全新的组织"操作系统"，会彻底改变一个组织的结构设计、团队决策以及权力分配的方式，其本质就是解决现代组织的管理问题。

最开始，Zappos的CEO谢家华宣布施行合弄制，并因此获得了大量关注。2016年年底，Zappos公司完成向合弄制管理制度的转换。Twitter的前联合创始人埃文·威廉姆斯的公司Medium在2016年也开始推行合弄制。还有中国360公司创始人、董事长兼首席执行官周鸿祎也是合弄制的推行者。截至2019年，全世界约有300多家公司实行了合弄制。

最好的探索就是把组织变小

布赖恩·罗伯逊曾在《重新定义管理：合弄制改变世界》一书中说道，要检验合弄制，至少需要5年的时间，现在看来需要的时间可能会更长。

无论"人单合一"模式还是合弄制，或者未来还可能出现更新的管理模式，其共同的特点是把组织做到最小，这也是未来需要实践和探索的管理发展趋势。

事实上，任何一种管理模式都有优缺点，只不过相对于传统管理模式而言，人们更看重新事物的优点，更愿意花时间尝试。这是因为当今社会已不同往日，到处充满不确定性，世界是易变、复杂、模糊的，"放之四海而皆准"的原则会越来越少，我们要用全新的思维和视角思考未来的管理模式。

1. 我们不能用工业时代一成不变的组织应对不确定的外部世界

当今信息时代，变化是最好的稳定。外部环境和内部瓶颈都催逼企业随时做好准备应对各种突发变化，组织传统的科层制，显然已经无法应对这种变化。

传统的管理模式其实更像是一座金字塔：塔顶是董事会，底层是基础员工，层层分级管理，不同层级的管理者拥有不同量级的信息、资源和权利，这很容易导致层级之间沟通不畅，信息难以流通，资源也被远离一线的高层掌控，进而形成层级之间的壁垒。这样的管理方式往往不够高效，冗杂的管理制度压抑了员工的进步与创新，为解决这个问题，海尔尝试了"人单合一"模式，Zappos实践了合弄制，华为推行了"铁三角"模式。

"铁三角"模式起源于华为北非地区部的苏丹代表处，2006年8月，该代表处失去了一个移动通信网络项目标的。在总结会上，代表处分析了三大失败原因。

（1）不同部门各自为战，缺乏充分有效的信息沟通与共享，导致不同部门对客户承诺出现了不一致的情况，影响了客户的观感和选择。

（2）与客户接洽的不同部门人员没能有效沟通协调，致使每个人都只关注自己负责的部分而缺少整体性的团队视野，结果是在满足客户需求、解决问题和交付能力等方面都不尽如人意，自然也无法获得客户的青睐。

（3）团队成员缺乏敏感性和主动性，不能及时主动地分析、把握客户深层次的需求和变化，只是被动应对，因而没能优化客户的产品和服务体验，无法建立竞争优势。

总结起来，就是各自为战，沟通不畅，主动性差，导致最后没能形成协同整体效应。结果，正如客户抱怨的那样，"我们要的不是一张数通网，不是一张核心网，也不是一张交钥匙工程的网，而是一个可以有效运行的电信网！"

基于此次失利的教训，华为苏丹代表处对团队整体组织结构进行了重塑。最终以客户经理（AR）、解决方案专家/经理（SR/SSR）、交付专家/经理（FR）为核心，建构出一个面对面主动对接客户、聚焦项目、快速反馈和响应的团队，从而得以更深入精准地理解把握客户需求。这种项目核心管理团队的组织模式被称为"铁三角"。

2007年，凭借"铁三角"模式，华为苏丹代表处成功获得了苏丹电信在塞内加尔的移动通信网络项目。之后，华为公司开始进一步完善并广泛推广"铁三角"模式。

2. 不能忽视创造主力和消费主力95后的思维逻辑与圈层效应

商业的成功在于"讨好"年轻人，现在的消费主力是95后，创造主力军也是95后，如何理解年轻人的思维逻辑变得更为重要。

如果说85后是中国互联网的原住民，那么95后就是移动互联网的原住民。《圈层效应：理解消费主力95后的商业逻辑》一书中总结了95后圈层的六大特点，即年龄包容性、在线化、低技术门槛、财富影响力减弱、文化跨界、创意思维。

95后更重视文化和思想层面的共鸣，年龄和世代对他们影响很小。95后崇尚个体崛起，反对权威，认为每个人都有发声的权利，质疑传统是他们与生俱来的能力。过去建立的科层制，依靠权威的管理方式已不适用于95后群体，他们更愿意做真正的主导，发挥才华与创意。当今网红时代，大V直播带货几个小时，比一个拥有数万员工的企业的销售额还高很多。未来社会极有可能出现"人人都是CEO"的情形。

3. 互联网技术逐步淘汰陈旧模式的同时也为新生形态提供了变成现实的可能

互联网时代到来，外部环境和用户需求变化莫测，信息流巨大，应用于传统稳定外界环境下的传统金字塔型结构的弊端已越来越凸显。与此同时，互联网技术的发展为更多新思潮变成现实提供了可能。

信息系统的发展，已开始逐步取代中层管理人员发挥"传声筒"的作用，企业需要的员工人数相应减少。今天，企业组织内的沟通和上传下达，很大一部分通过微信、钉钉、腾讯会议完成，尤其是新冠肺炎疫情之下，很多企业都依赖这些互联网软件系统实现线上办公。

企业信息网络、自动化管理系统以及专家系统逐步建立与完备，传统的纵向层级结构被打破，横向的信息交流得到了强化。从高层管理者到一线员工的信息沟通更为方便直接，决策和指挥更为迅速敏捷。

企业更易将分散的资源通过互联网技术实现有效的黏合,并根据需求随时动态组合。

企业要适应多变的市场,就要对组织结构进行变革,让每个部门变得小巧、灵活,让企业的信息资源能被充分有效利用,从而降低运行成本,提高运行效率。最好的探索就是把组织变小。

生于颠覆,死于优化

把组织变小,是企业为了更好适应当前的不确定且多变环境,可达成以下目的。

(1)不断释放人的创造力,集合群体智慧,带动企业快速前进。

(2)让组织能够根据外部变化随时进行动态组合,以适应多变的市场需求。

(3)在不确定中探索相对的确定性,相对的确定就是市场能够认可的东西。比如把不确定性上升到对战略和产品把握就是一种相对的确定。

生于颠覆,死于优化。无论你是否喜欢,今天,组织变小已经成为一种趋势。我们要考虑的不是组织要不要变小,而是怎么变小以及怎么变得更小。

这种企业里最小的组织单位,既能灵活编队适应市场需求,又具备创新的战斗力,我们称之为"灵动组织"。其中,核心在"灵"、关键在"动","灵"确保的是做正确的事,"动"则是要保证做事的高效。如果在一场战斗中,"灵"而不"动",就会造成指挥快、行动慢,很难抓住稍纵即逝的战机;反之,"动"而不"灵",则会造成鲁莽决断、冒进行事,也很难取得好的作战效果。真正的灵动组织,一定是以客户为核心目标,通过高效发挥组织的创新性、主动性来展开行动，进而获取胜利。

在这场组织变革中，去中心化最终带来的就是如何从"他管理"更好地走向"自管理"，这也是值得每个企业深度思考的问题。

33

六步打造灵动组织

当下，面对越来越不确定的外部市场环境，以及越来越崇尚个体崛起的95后Z世代，社会组织，尤其是企业组织，更需要不断变革。企业要对组织结构进行变革，最好的办法就是把组织变小。这也成为当前的一种管理新思潮和新实践。

无论是海尔的"人单合一"模式，还是Zappos实行的合弄制，都在尝试让每个部门变得小巧、灵动，以更快地响应市场、响应客户，以及让企业有限的资源得到充分有效的利用，从而最大限度地创造价值，降低运行成本，提高运行效率和效益。

那么，企业到底如何才能把组织变得更小巧灵动呢？

第一步
把原来的大一统业务进行切割，变成多个"特种部队"

先以企业的业务为驱动，把组织做小。将业务切割成多个相对独立的业务板块，把业务性质、客户群相同的业务放在一个板块内，再根据这些业务板块来划分组织，这样企业就形成了多个针对某一细分业务的小分队，我们常常把这样的小分队称作企业中的"特种部队"。

既然是特种部队，一定与普通部队有所不同。相比之下，特种部队的作战环境是极为不确定的,就像今天企业的营商环境都具有VUCA（Volatile易变的,Uncertain不确定的,Complex复杂的,Ambiguous模糊的）特征,企业面临太多的不确定性和危险。这就造成了一种结果——作为特种部队,不可能事事都请示司令部再行动,而是要依靠自主作战能力来决定生死。

我曾经辅导一家企业,其产品通过线上、线下渠道销售给C端和B端用户。在组织架构上,企业采用传统科层制,多个业务形态都放在一起,是一种以管控为核心的组织体系。这样的组织体系产生很多问题,影响了企业的创新和发展效率。

经过辅导,企业将业务线拆分为五个独立部门,分别主营线上电商业务、B2B礼品市场业务、线下门店业务、海外业务以及融合业务。这五条业务线独立运营正常后,当会员做到一定规模时,还可以再拆分。比如单独成立会员业务部门,专注于会员运营和会员增值服务。未来,这家企业就不仅是卖商品的公司,还可以靠卖会员卡和会员增值服务赚钱。

第二步
找到可以进一步扩大业务的组织模式和相应机制

切割后的每条业务线如何做大,需要企业探索适合的组织模式,以及相应的机制来配合。

海底捞在餐饮板块推行裂变制,把门店进行ABC分级,只有冲到A级的门店团队才有资格拓地盘、开新店。开新店后,原来的A级门店就被一拆为二,两家门店都从C级重新起步,谁再冲上A级,谁才能再裂变、再拓展。而且,这些具有"血缘"关系的门店会抱团形成相互帮扶的"抱团小组"组织模式。在抱团小组中,居主导地位的不是某某长，而是某某教练，他们都是能够赋能他人的教练和师傅。这也就不难理解，为什么在海底捞，20来岁的姑娘可以管理年营收几千万元的门店，而且个人收入达数十万元。

在海底捞，确保业务持续扩张的第二个机制是师徒制。而且，师傅的个人收入与徒弟是否获得成功直接相关。师徒制赋予了店长和老员工足够的权利，鼓励店长提交新餐厅方案，店长徒弟往往就是新店长的首选，同时店长可以享受新店的利益。

海底捞的这种经营方式，颠覆了以领导为核心的传统思维，让员工自行制订各自的计划，并依靠全体成员的智慧和努力达成目标。在这种模式下，每位一线员工都成为主角，主动参与经营，进而实现全员经营。

第三步

拆分职能部门，与业务部门形成高效协同，进而把业务做大

企业对业务拆分后，做大业务的核心还是人。企业里有很多职能部门，要想让它们配合好各个作战小组，实现业务快速增长，就需要对它们也进行拆分。

事实上，在很多企业里，部门协作和配合一直是核心管理团队最头疼的问题之一，而且企业越大，这个问题越严重。因为在大一统的组织体系下，各部门缺乏业绩导向和结果意识，部门之间的利益也没有相互关联，容易出现部门之间不配合、互相推诿等现象。

如果企业把职能部门拆分成多个更小单元，并且各单元可以独立运作创收，职能部门的配合度就会大大提高。比如，企业品牌部门的品牌服务、研发部门的产品设计、人力资源部门的中基层招聘服务等，都可以拆分出来，与企业业务部门形成一种"派驻政委或专员"

的关系。

在别人千方百计想把企业做大的时候，海底捞却通过这种分拆的方法，把企业做小。海底捞布局了整个火锅产业链的核心环节，包括食材供应、底料供应、人力资源、装修、物流等，每个环节都成立公司独立运作。而且，这些独立公司都对外开放，向其他企业提供服务，海底捞餐厅只是这些专业公司的合作方之一。这就意味着，就算有一天海底捞不做火锅餐饮店照样可以在火锅市场如鱼得水。

第四步
绑定职能部门与业务小组关系，激发组织协同

激发组织活力，让职能部门与各业务小组变得更加协同，最好的办法就是绑定利益关系，常见方式是分权、分钱。业务做好了，大家都有收益。

过去，海底捞以门店为核心，带动其他业务发展。职能部门拆分后，海底捞将企业的重心转向供应链，以供应链为核心整合更多资源。比如，微海咨询的前身是海底捞片区人事部，对内负责招聘、培训等工作。从海底捞独立出来后，部门员工获得一定比例的公司股份，成为新公司的合伙人。在业务上，新公司为包括海底捞在内的所有餐饮企业、服务企业提供员工招聘、培训、人事外包等服务。

海底捞已经分拆出颐海国际、蜀海供应链、微海咨询、海海科技等7个公司。这些公司从服务海底捞转变为服务整个社会，进一步做大了业务。这样的分拆，也把海底捞这个大公司、重公司，变成了轻公司。这就像一个家庭，通过不断分家，最终形成一个大家族。海底捞的拆分，除了形成"大家族"，还实现了业务模式的协同。这就好比拆分前的海底捞只是一艘航母，拆分之后，变成了一个航母编队。当

航母编队不断做大的时候，还可以继续拆分。

第五步
对组织中无法再拆分的公共部分，采用计件制激活效能

在企业通过拆分不断变小的同时，还要考虑让有限资源效能最大化的问题。也就是说，企业里一定存在某些公共部分是无法再拆分的，否则就会影响效率，造成人员冗余。可以将组织中无法再拆分的公共部分全部放在总部，采用计件制来激活效能。比如，企业的人力资源部门和财务部门都属于公共部分，有些还能拆分，有些则不能再拆分。

在海底捞，不能再拆分的公共部分就采用了计件制，这些部分对内可以抢单。比如，企业各业务小组如果有财务经营分析的需求，财务人员就可以自主选择承接这样的业务单。对于人力资源来说，招聘也是可以计件的，招一个人的服务费是完全能够量化的。这样，企业内部的职能部门就完全市场化了。如果职能部门能力很强，还可以从企业外部接单。

第六步
鼓励创新，拆分今天的业务和明天的业务

前面五步所讲的都是在现有业务体系下如何将组织变小，与此同时，企业还要考虑长远发展的问题，着眼未来的发展趋势进行产业布局，不断创新。将现有业务组织和未来要发展的业务组织进行拆分，在这方面，广州视源电子科技股份有限公司做得非常成功。

2009年，视源股份因为创新产品太少，导致技术链路出现浪费，于是决定建设孵化器，搭建平台，向同领域的初创企业开放资源和渠道，带动大家一起奔跑。一直到2015年，视源股份通过不断鼓励内部

孵化、内部创新，实现了每年收入翻番。

在孵化创新过程中，视源股份将公司一分为二，一拨人在A大楼负责当前的生意，另一拨人在B大楼埋头研发创新，探索完全面向未来的生意。B大楼的员工都组合成一个个小分队，他们可以为未来创新项目申请立项。立项后的项目要接受定期成果审核评定，但主持项目评定的并不是公司的领导层，而是创新集市。

在创新集市上，既有来自A大楼的内部客户，也有公司的外部客户，还有外部其他企业，它们会共同判定某个创新项目未来是否有市场，谁会来购买这个项目。如果某个创新项目被判定没有价值，也没有客户愿意为之买单，项目就会被淘汰。

把组织变小或许不一定适合所有行业，但能给所有企业带来启发。正如彼得·德鲁克说过的，"动荡时代最大的危险不是动荡本身，而是仍然用过去的逻辑做事。"当然，打造灵动组织，对企业进行拆分不是随意乱拆，一定要以有利于贯彻企业发展战略、实现企业战略目标为核心原则，否则容易导致企业管理运营混乱，最终无法实现效益最大化。

下篇：觉醒思维

商业觉醒

第 5 章　企业家思维

34

好汉，别提当年勇

小Case：乘纽约地铁

　　纽约的地铁四通八达，来到这里，出行自然会选择地铁。我前一天晚上规划好第二天的线路，一早到酒店的旅游服务处再次确定乘坐哪条线在哪站下，便乐呵呵地去找地铁站了。出门恰好右手边就有一个地铁标识，我一头扎下去。下去傻了眼——我要乘的三号线为何没有呢？想想咱也是从大都市北京来的人，难道乘个地铁还不会？可事实证明就是不会！纽约的地铁不同于北京，几条线交叉的地方会有个枢纽站，从任一个入口下去都能找到想乘的线路，纽约的各条线大多分设站点和出入口。终于搞明白了，半个小时后我坐上了地铁，如释重负。

第二天向酒店问讯处再打听线路时，我就知道多问一句要乘的线路该从街道的哪个站口进入。问题又来了，乘惯了下线到downtown，今天要去上线updown，我走到了站台，才注意到怎么只有一个方向的车？原来要去另一个方向得走出地面，到街道的另一面乘坐。又晕了！纽约的地铁建得早，大都是单方向的，不是双方向可以混乘的。

整个经历，都被北京经验误导，彻底把我带上了纽约地铁的错误打开方式。

大决策：投资50亿元建新产品线

宋总带着他"是否要投资50亿元建立新生产线"的议题来到私董会，希望大家给他建议。

他现有的主业处于产业链的中上游，不仅受到更上游的大宗原材料供给商的挤压，也受到下游产品商的挤压。为了寻求更好的利润空间，他曾经合资巨额投资了煤化工，还没等盈利就赶上了低迷的行情。幸好有人接盘，他不仅顺利出售了该业务，还赚了一大笔。今天他看到了产业链下游的另一个机会，收购了一家拥有核心技术的海外研究机构。这是世界上第七家掌握该技术的机构，其他五家均为国际巨头，第六家是靠此技术和产品创下高市值的国内上市公司。钟总要投的，就是这第七家公司的生产线。

整个私董会上，他反复提及决定投资的理由：收购了掌握技术的第七家机构（尚未量产过）；下游很赚钱并可以与现有产业协同，并因此可以制约（记住是制约）另外几家的供应（前六家中有一半要购买他现有的原料）；高薪挖国内那家企业（掌握技术的第六家机构）的人才获得自己的能力（现在不具备）。最被他引为决策支撑的一点，是他有大项目投资的成功经验——就是那家合资建设又卖掉的产业，关键是还赚大钱了。

上述一小一大两个案例，或解决生活中遇到的小问题，或解决企业的重大战略转型问题，都发生在成功经验的拥有者身上。在面对不熟悉或者不确定的未来时，过去的成功经验往往成为继续前行的绊脚石。让我们来看看，是什么毁了曾经的成功者？

是什么毁了曾经的成功者

1. 成功的动机

过去创业办公司，多为解决生存问题，获求个人"五子登科"式的胜利，这本无可厚非。问题是，实现了这些梦想的成功者并没有继续升级人生和事业的目标和意义，仍是抱守原始动机，从而极大地制约了自己的斗志，也限制了自己的格局，更重要的是，这种状态很难吸引一大群有志之士来共同开启一场新的事业和成功。如钟总，想要战略进入一个新领域，却只想着自己的产业链打通，挖墙脚搞垮对手，试问，这样做带给这个行业的价值是什么？让自己不死的法宝又是什么？未来的成功将远不是个体的成功，更会是整合思维下的平台的成功。一定要弄清楚自我升格的动机和目标是否能聚集相应的资源与力量。

对策：明确人生和事业的目的和意义，找到大义名分，引领自己从过去穿越到未来，并感召一批志同道合的有识之士开始一趟新的成功旅途。

2. 自信催生的封闭

没有自信断不能成功，这也是为什么一路拼杀下来仍屹立不倒的企业家大都是自信的。他们自信自己对机会的捕捉与决断能力，自信自己对公司的掌控力，自信自己对团队的引领与驾驭能力。但也正是过去成功经验的决策思维与行动思维让我找不到纽约的地铁。宋总在面对50亿元的新投资时，还想复制过去的自信，直觉感性地做重大战略决策。大家深问下去，才发现他对第六家国内公司成功的要素，甚或进入这个行业的成功要素，其实是不清楚的。所以，自信催生的封闭是非常可怕的，更甚者可能会毁掉基业。

对策：唯有保持开放、好奇心和学习力，随时感知外部的变化与他人的进步，不断消化吸收，并借助成功累积的自信去超越，成功才有可能被延续。

本文首发于《商业评论》杂志2015年11月刊，题目《好汉，别提当年勇》

商业觉醒

35

企业家刮骨疗伤的三把刀

马总曾经是国内某知名小家电品牌的销售副总,凭着超强的营销能力将公司的销售额带入行业巅峰。凭着非凡的气势与行业领军人物的地位,马总毅然离开这家知名的国企,下海创业。熟悉的产业,熟悉的产品,自身极富天赋的营销能力,梁山好汉般的江湖情,马总第一次创业很轻松就成功了。三年前与马总在私董会相识时,见到的是他悠然自得、潇洒自如的样子:豪华的总部办公楼、品位极高的办公室陈设、迎来送往的宾利轿车。一年几千万元的利润,加之公司上下和内外兄弟的簇拥,马总的日子过得舒服极了。在私董会里,他也是一个凡事都做观望、不远不近的成员。

潇洒的日子继续着,私董会的活动也不温不火地参加着,行业却在发生着变化。马总主营的橱柜和小家电业务随着行业的快速洗牌,步入下滑甚至停滞的轨道。马总公司的战略不得不立即进行调整。

第一次,绝对的第一次,马总的兄弟们对其颠覆式的战略转型构想——全屋定制和拎包入住——产生了分歧,大家认为挑战太大、风险太大,不约而同地选择了守势和渐进式变革的思路。一向毫不退缩的马总竟也显得有些疑虑,开始怀疑自己的战略判断了。一两年过去了,业务毫无进展。

马总的故事是个案吗？

企业走势新曲线

因为企业家教练、私董会教练和商学院客座教授的特殊身份，我在这四年接触到四五百位马总这样的成长型企业家，他们分布在珠三角、长三角和大北方地区，代表着中国民营企业家的一种典型形态。

综观这些成长型企业家，面对外部宏观经济环境的变化，他们中危机意识和发展欲望强烈的一部分人，早在几年前就开始了艰苦卓绝的企业战略转型。到目前为止，其中大部分已经找到了恢复增长的动力，并进入了持续再增长的上升趋势。下图是我对中国企业走势的预测：经历了过去几年的下滑（如图中灰线示意）之后，较早完成战略转型的企业将再次进入增长通道（如图中黑线示意）。这些具有先发优势的企业开始增长，将为行业和市场带来新的生机，机会、客户、资源和人才都将再次向这些优势聚集，形成更加正向的发展。相反，那些业绩仍在下滑，且还没有找到新的增长动力的企业，将陷入深度衰退，甚至消亡（如图中点线所示）。这种情况在珠三角和长三角地区已开始显现。

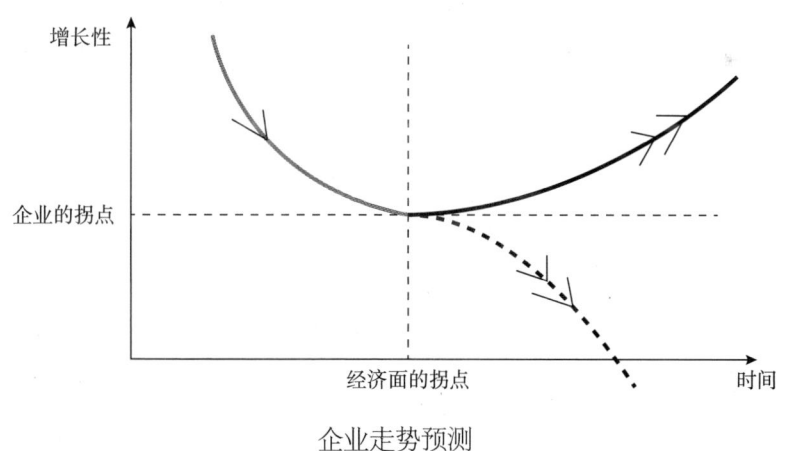

企业走势预测

这就是现实。现在转型已嫌稍晚，但不转，必将陷于永久的衰退，直至消亡！所以，唯有转型——业务转型、战略转型、甚至企业转型——才是企业不至于消亡的唯一出路。但是，是什么挡住了成长型企业的转型之路？让我们来看看企业家当前面临的三大痛楚。

成长型企业家的三大痛楚

1. 痛楚一：企业家本人不再自信，对业已形成的能力产生自我怀疑

无论是国企高管还是个人创业，两次都成功的马总，曾经是那样潇洒和自信。面对新的行业演变和业务持续下滑时，他陷入了对个人战略预判的怀疑，对自己是否能带领企业冲出低谷也没有了自信。

2. 痛楚二：对企业未来的深度忧虑，不知这轮洗牌后是否能生存

产业趋势、科技和技术的演变将如何发展，企业该如何去拥抱？如何赢得更加充分的市场竞争？企业战略该如何重新规划？能与我并肩远行的人才队伍在哪里？……马总的企业，无论是做小家电还是做橱柜，过去都有利润，且不断增长。但如今的行业格局却是，整体、一站式的家装企业把住了客户流量的入口，各品类家居品牌都在做横向、泛品类一体化的扩展，新加入的竞争者个个来头不小——上市公司、行业巨头、带着巨量资本的互联网企业，曾经偏安一隅的舒服日子已不复存在，马总和他的企业陷入了集体迷茫。

3. 痛楚三：机会黑洞

因袭第一轮成功的经验，如同所有善于抓机遇的第一代企业家，马总他们习惯性地想知道政府将释放哪些新的机会，下一轮"行情"究竟在哪里。全屋定制、拎包入住，真的是家居产业的下一个风口吗？马总拿不准。

基于私董大家庭的抱团前行和集体智慧，这次，马总不再闭门思索、孤独求证，他首先向私董教练团队寻求了外脑支持。因此，我们走进了马总的公司，并召集公司核心骨干和管理干部，连开了三天战略规划工作坊，在全体骨干成员中达成了对战略转型方向的共识。借助私董会的平台，后来，马总又全面与某知名战略咨询公司展开合作，对转型战略和战略实施路径做了专业的规划和落实。加之私董会的连续打磨和激发，一个全新的马总跃然眼前：他要带领他的团队在5年内将企做到100亿元规模，并期望未来成为互联网家装产业的千亿元级公司。再看这时的马总和团队，如虎狼般焕发出第二次创业的激情和斗志，坚定地走上了战略转型的新路。作为掌门人和领军灵魂的马总，究竟完成了哪些根本性的转变得以如此脱胎换骨呢？

转型期企业家的新思维

1. 一个激发：激发与放大企业家的DNA

将支撑企业家曾经成功的那些隐形特质与能力显性化，并在复杂的转型期间，始终放大其本已具备的能力，让能力可复制、可重用，这样企业家就可以重新变得自信、坚强和强大。

在整个战略转型的过程中，马总被发掘和放大的特质，是其骨子里坚决要做第一的本性、超强的营销和资源整合能力、坚强的意志与铁腕的领军执行力、侠义作风和行业感召力。企业家DNA被激发的马总重又走上了他擅长的能力地带，开启了一系列令人眼花缭乱的商业模式整合和设计。

2. 一个重塑：重塑企业家精神与战略素养

大的事业目标重新点燃了马总的梦想和激情，也刺激其企业家精神不断展现与迭代升华，实现从企业老板向真正的企业家的转换。同时，在对战略机会的不断探寻中，在商业模式的设计、迭代、升级和战略实施的过程中,"从产品价值到产业价值、从微观经济学到政治经济学、资本+思维、从经验到方法论、从企业思维到平台思维"等战略素养将在马总身上被不断重塑、验证,并植入其能力体系。

3. 一个重构:重构企业的成长动力

抓住经营的本质,按照成长型企业的特质去抓主要矛盾和矛盾的主要方面,重构和实施以经营为导向的企业成长动力模型。

在未来的市场竞争中,如果还希望有自己企业的一席之地,企业家们,开始行动吧,就从转型期企业家的新思维开始。

本文首发于《商业评论》杂志2017年1月刊,题目《企业家刮骨疗伤的三把刀》

36

企业家转型的自我修养

这一次私董会讨论的是夏总的案例。在私董会里，大家公认夏总的大脑装有多个CPU。清瘦的身形，稍显凌乱的头发，两鬓微白，一副黑框眼镜，衬衣随意垂在裤子外边，不修边幅的他眼睛却总是炯炯有神——典型的"理工男"形象。恰恰是他今天的案例，引发了有关企业家战略素养的大讨论与反思。

两亿元体量触碰百亿元级业务

15年来，夏总一直坚守他的环保业务，其企业拥有多种污水处理设备和污泥处理、水体生态修复的专有技术，其核心产品市场占有率超过50%。尽管这样，他的业务也就停留在每年两亿元人民币的水平，难以冲破行业的天花板。从2012年起，夏总开始尝试新业务转型，试图进入海量水体生态修复的大市场。这个业务可通过一系列技术和设备，让污染的河流湖泊变清，并具备长久的生态自我调节作用，永葆清澈。

那年年初，带着这样的战略性转型话题与疑惑，夏总作为案主参加了私董会。一边是拥有关键核心技术与团队的小公司，一边是拥有广泛现实需求的巨大市场，每一个项目动辄几亿元、几十亿元。然而，政府客户虽有强烈的购买意愿却没资金，这样的业务转型怎么办？

4个小时的私董会结束，众多建议中有一条深深地打动了夏总：把资本方当客户。在面对水体修复这样的大项目时，除了关注传统的政府客户，还要增加资本客户的维度。在做出让政府客户满意的方案、技术、产品和服务时，还需要找到能打动资本方的产品和价值。这样新的商业模式才会成立，新业务与新市场也才会真正实现。

带着这样的认识和思维，夏总一头扎进了寻觅资本客户的新业务探索中。一年零八个月后，夏总又在私董会上重提他的案例。

整整两个小时的分享中，我们了解到，一个曾经对资本和金融一窍不通的"理工男"，如何一版又一版地优化商业计划书、优化商业模式，前后版本多达10数个；如何同资本客户打交道，从投行、券商到PE，从同行的上市公司、央企到非同行的关联上市公司，前后有60次之多；如何做各种各样的路演、报告与宣讲，有时一周两三次在广州与北京之间来回飞。现在，他向在场的各位企业家呈现了完整的报告，对所接触的各类资本客户的特点、诉求、价值点以及可能合作模式的梳理；有效面对政府客户与资本客户融合的可行商业模式；新业务扩展的可行路径；新签的亿元级合同与纷至沓来的潜在项目机会……一个百亿元级业务量的新模式赫然跃入每个人的眼帘。

六大素养，助你转型

1. 从产品价值到产业价值

通常企业的经营管理，都将目光锁定在产品上，追求的是产品的价值。今天做业务转型的战略思考时，企业家应放眼产业价值，洞察整个产业的趋势，从而"打开天眼"，找到更高的战略制胜点和战略蓝海。

如果仅是从自己的产品和技术出发，夏总是绝不可能进入与撬动环境治理如此庞大的市场，这对一个小公司而言简直匪夷所思。20世纪90年代初IBM惊世一跳，向企业服务市场转型，也正是因为深刻地洞察到，当IT逐步从封闭走向开放，企业面对多个产品和系统，是不可能独自完成整合和集成的，产业的趋势就是需要一个整合服务商来帮助企业。这是IBM在对IT产业价值的挖掘中得到的启示。

2. 从微观经济学到政治经济学

要准确地判断产业的机会，仅研究宏观经济的规律是不够的。但是，理解和把握国家产业政策，很容易看到机会和方向。如同夏总进入大环保产业，站到了"风口"上。

3. 资本+思维

产业思维，就要求我们的转型设计者具备资本思维，转变过去"仅仅把资本当成做大的增量力量，而不是商业模式本身必备的要素力量"的思维。突破不了资本客户，业务就会为钱所困，增长就会缓慢，从而错失很多发展机会。

4. 从经验到方法论

成功的企业家大多曾经过五关斩六将，但很多人不会将当初的经验沉淀并总结成可复制、可传承的方法论，更不要谈方法论的迭代。在转型初期，很多企业家其实是觉察到了一些规律和趋势的，可需要应对的挑战越来越多，忙忙碌碌中也就无暇顾及对这些规律和趋势的整理。夏总坚持用他学到与总结的方法论，记录整个转型过程中每一阶段的思考与迭代，所以当他最终面对每一个利益相关者时，呈现出的系统思考能够深深打动对方，所以资本客户看好他，团队信服他。

5. 从企业思维到平台思维

企业之间的竞争，已经告别了原来的单打独斗和供应链之间的PK，行业的领头羊都在朝着平台化的方向发展。互联网会将传统的产业界限变得越来越模糊，跨界不再新鲜。作为转型设计师，企业家要用平台思维来审视产业，创新商业模式。

6. 产业领导者的胸怀和格局

上述一切转变都可归结为企业家素养的重塑。只有那些拥有更高境界、更大格局与胸怀的企业家，才可能脱颖而出，并成为真正的产业领导者。

正如私董会上一位企业家最后所感慨的，一个如此基础好（清华大学毕业的高才生）、头脑好（大脑如多个CPU和拥有独特方法论）、人品好（每一个接触过他的人都被他的执着和专业打动，从而将他推荐给相关的人和机构），还如此拼命和努力，这样的企业家素养，怎么拼得过呢？

本文首发于《商业评论》杂志2015年12月刊，题目《企业家转型的自我修养》

37

企业家，莫为修心性而丢了禀性

方总，百年糕点品牌"春瑞祥"（化名）的第四代掌门人，为人憨厚、质朴，透着几分执拗与倔强。近百年来，"春瑞祥"偏安一隅，而方总守着祖训，一心一意为当地的父老乡亲做符合他们口味的糕饼。方总平时喜欢读书，自己文笔也不错，所以经常写些读书感想，写完分享给朋友和下属。他写过一篇满怀虔敬做糕饼馅料的文章，许多人读后都直接网购或向他"讨要"他家的糕饼，尝过的人无不夸赞，继而传播老字号"春瑞祥"糕饼的故事。

近些年，为了弘扬祖上留下的事业，也为了追求更高的境界，方总开始学习传统文化，开启了作为企业家的修行之旅。求圣成贤的理想改变了方总，他每天早上五点半起床读圣贤书，刮骨疗伤般自我反省，日间也有七八个小时读书反思，时刻警醒自己不说谎言、不发脾气、不抱怨，凡事追求心态平和、不急不慢……如此下来已近两年，直至今年中秋节的销售旺季，因为被举报违反食品操作规范，企业差点被查封停产。

我遇到过许多像方总这样的企业家，他们心怀良知，志存高远，面对粗放发展带来的社会问题纷纷觉醒，开始通过各种修行突破自己，希望以此提升经营企业的格局和境界。他们努力从祖先留给我们的宝贵财富中探究真谛，可深究下去，发现自己全身都是毛病，离圣贤差之千里。于是，大多数企业家便选择一路向好人修行，追寻个"如如不动"。结果，引领企业披荆斩棘、所向披靡的企业带头人不见了，员工的定海神针不见了。这些"老大"的心性貌似提升了，可企业家的禀性不见了，各种经营问题当然也就接踵而至。"心在哪儿，时间就在哪儿，力量就在哪儿，结果也就在哪儿"，说的就是这个道理。

不得不承认，企业家仍是目前中国商业社会最为稀缺的资源之一，所以在选择修行时，一定不能丢掉企业家的禀性，否则就不再符合"企业家"这个称谓了。那么企业家的禀性有哪些呢？

保持好奇，敢于探险

中国经济发展模式与发展速度都将进入深度调整，互联网思维风起云涌，技术变革与创新无时无刻不在刺激着每一个企业和企业家的神经。未来是不确定的，谁也不敢说自己对未来之路已了然于胸。张瑞敏讲过，当能见度只有50%的时候，看得准并且抓得住就有暴利可图；如果能见度到了80%才动手，最多获得平均利润；如果能见度已经到了100%，就只有等着亏本了。李嘉诚也有类似的表达，当一个产品只有10%的用户接受它的时候，你就去生产它；当有50%的人接受时，你就去消费它；当70%的人接受它时，你就该选择离开它了。二者的论断如此相似，不能不令我们惊讶。因此，企业家必须始终对未来变化保持好奇，并敢于冒险与尝试。

始终保持一颗"斗魂"

企业家应该是充满"血性"的，敢说敢当，坚韧不拔，为了实现自己心中的"梦"，敢于置一切于不顾。因为有血性，他们能排除一切阻碍，甚至动用"霹雳手段"去推动执行。这样的企业家是有脾气的，甚至还有些偏执狂。但他们同时又是善于造梦、讲梦和传播理想的人，能感召身边的人。我们能够看到，正是这种"斗魂"，引领与成就了一个又一个偶像级的企业家，稻盛和夫、乔布斯、任正非、董明珠……"斗魂"不仅赋予团队激情，更能推动团队执行，当然最重要的是，它让团队清晰感受到主心骨的力量。

不磨叽，说干就干

中国本土中小企业发展到今天的规模，靠的就是"快"。面对瞬息万变的外部环境以及激烈竞争的市场形势，唯有快速贴近客户，第一时间感知与察觉需求的变化，并尽早响应与满足这种需求，企业才能生存与发展。企业小的时候，凭借老板的直觉与"拍脑袋"决策便可以赢得机会。当转向理性思维与团队决策时，则要多些分析和方法，但直觉的力量与快速的作风绝不可少，否则中小企业的灵活性就消失了，而这正是中小企业制胜的最大法宝。

把自己当成企业头号人才

很多企业家问我中小企业的人才战略，我说的第一条就是：充分发挥企业家作为企业头号人才的人才战略。想想我们的企业人才状况，内部人才成长跟不上，又极难引进外来人才，引进存活还需要时间。中小企业能够发展起来无一不是"因领导"而成长，当我们进入下一个发展阶段，转向"因团队和授权"而成长时，作为创始人的企业家，仍要最大限度地去冲锋陷阵。的确要重视发掘与培养团队，但带头人必须沉在第一线，去做那些对构建企业核心能力最重要的事情。

让我们回到方总的"春瑞祥"，当方总意识到自己修行跑偏时，他

商业觉醒

很快便选择了"企业家归位",重回企业现场,重回员工中间,带领大家一个流程一个流程检视,一道原料一道原料审核,一个成品一个成品检验。我们相信,只要方总的心回到做良知企业的经营中去,有了修行的时时事事觉察功夫,并保持企业家的天赋禀性,他会走在心性提高的路上,"春瑞祥"经营也一定能拓展开去。

本文首发于《商业评论》杂志2015年1月刊,题目《企业家,莫为修心性而丢了禀性》

38

为什么别人做大了，你却不行

因为从事成长型企业的跟踪、研究与辅导，我有机会结识众多不同特质、不同行业、不同发展阶段的企业家，有了进一步走近与陪伴他们成长的缘分，因而对这个群体有着深厚的情感与深刻的感知。

认知：我对成长型企业家的观念改变

1. 中性远观阶段

还得追溯到我在埃森哲和IBM做咨询顾问的阶段。由于咨询顾问与企业合作的模式多是项目制，每个项目都有一名客户高管担任项目经理，因此接触公司掌门人，只是在项目阶段会议或应酬的饭桌上。那时远远观之，对老板们的印象无非是位置高、有魄力、有手腕，没有更多深入的感知。

2. 微负面阶段

后来我从外企转入民营企业做CEO，这时看到了真实、有血有肉、有情感的老板。他们拼搏、强悍、霸道，拼命让自己创办的企业按自己的愿望往前走，哪怕付出血淋淋的代价也在所不惜。这时的印象深刻，也是由于初次下海呛了水，我对这些企业家产生了些许负面印象。

3. 发愿成就阶段

自从专注于企业家教练以来，我完全以第三只眼、教练加朋友的身份与企业家相处，特别是常年浸泡于私董会，以及一对一的私人教练模式，让我看到了企业家这个独特人群的显著优势：对商业机会的敏感嗅觉；坚毅的付出、引领和担当；为了一个组织的生存、发展与未来，拼尽体力、心力，甚至抵押上个人的全部资产、财富与性命都在所不辞。企业因而一步步壮大，员工收入越来越高，对社会的贡献也越来越大。

至此，我对这些企业家的社会价值有了越来越深刻的认知：正是这一小概率出现的群体，依托他们的理念和特殊品质，开创出一个又一个商业机遇，从而推动了社会的进步。放眼世界，可以说，国与国的竞争，其实就是企业与企业的竞争，再往细里说，就是企业家与企业家的竞争。理解、尊敬，并发自内心地渴望帮助他们，成就更为宏大的事业，成了我的愿景和存在的价值。于是，关爱、欣赏、支持，变成了我的行为模式与思维惯例。

问题：拥有相似特质的企业家，为什么成就迥异

有了认知的变化，研究就想更加深入，为了精准地描述这一特殊贡献人群的特征，我开始了对企业家画像的探索。一方面为了挖掘好苗子，另一方面也是为了帮助企业家自我观照，更好地取长补短。我写了《给企业家"看相"》一文，从多个维度勾画成功企业家的特质。

依着这样的画像，我确实发现了很多具有显著特质的企业家。欣喜之余，一个严峻的问题摆在了面前：我服务的多为成长型企业，创业都在10年以上，甚至有经营了20年、30年的企业，很多企业家含辛茹苦，却成就了几亿元的规模便徘徊不前。就个人特质而言他们相差不

第 5 章 企业家思维

大,为何有人输在了长跑路上?

当初有顾问挑战这个话题时,我还站在企业家一边,坚定地捍卫:不能一概而论,个人境况不同,有早有晚。说归说,但这个"结"从此盘在了我的心里,直到最近连续几次的私董会案例,似有"结"要被打开的感觉。今天就把这种感觉梳理出来,供大家探讨。

结论:差距在于建构愿景与达成愿景的能力

带领企业发展就像一次没有终点的探险,充满艰辛却只能不停奔走,在这个过程中,建构愿景和达成愿景的能力成为平凡者和卓越领袖的分水岭。

建构愿景与达成愿景有两个维度的能力要求,以此为矩阵,可以来描述企业家的众生相。

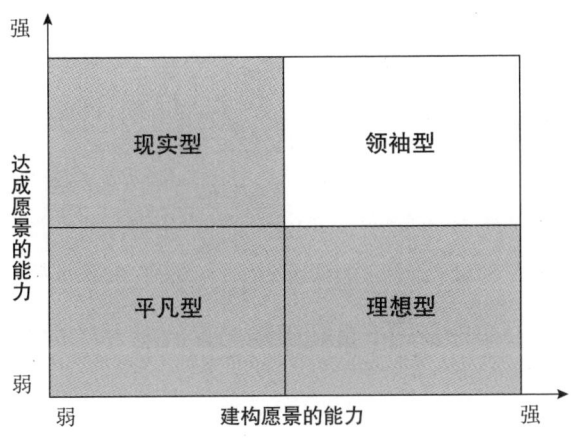

构建愿景与达成愿景的能力矩阵

1. 领袖型企业家

他们总是能站在超出常人见识的高度,去建构个人和组织的愿景与目标，然后以此愿景突破已有能力的极限，去构想路径和方法。同时，他们还具有超强的按路径达成各阶段目标、最终达成总目标的能力。这两项能力相匹配，他们总能打破常规做事，跨越一个又一个的山峰，达至领袖的地位。

郁亮接替王石成为万科的新董事长，其领袖气质早年便可见一斑。2004年万科销售收入仅91亿元时，郁亮硬是建构了10年实现1000亿元的战略目标，王石都认为太冒进，奉劝要慢一点。结果郁亮带领万科2010年就实现了1000亿元销售收入，提前4年达成了这个大目标。

愿景不仅仅是目标，更意味着大义名分，涉及个人的使命和生命的意义。只有想明白这一点，才能志存高远，也才有可能打破组织边界去重构、整合以达成愿景。

2. 现实型企业家

他们总是在现有成就的基础上，依据现有达成目标的能力，提出一个增长率，然后努力达成。如同铺台阶、爬台阶，一步一步往上就做到了小有规模，既舒适还小有成就。日积月累，他们会与领袖企业家拉开显著差距。

这就是那些经历多年发展，规模与地位却没有根本改变的中小型企业经营者的做法。当然，这种情况不仅出现在中小企业身上，即使企业做到了较大规模，如果丧失了重新建构愿景的能力，也同样会陷于平庸甚至衰落。

3. 理想型企业家

他们有建构组织和个人愿景的能力，但达成愿景的能力不匹配，带有极强的理想主义色彩。

4. 平凡型企业家

他们建构愿景与达成愿景的能力都较弱，基本上没有机会成为真正的企业家。

我们可以选择平凡，选择小而美，但真正的企业家，应当在不断创新之中不断成长与超越。这样也不辜负德鲁克对企业家的诠释。

（1）大幅度提高资源的产出。

（2）创造出新颖而与众不同的东西，改变价值。

（3）开创新市场和新顾客群。

（4）视变化为常态，总是寻找变化并对它做出反应，将它视为机遇加以利用。

本文首发于《商业评论》杂志2017年7月刊，题目《为什么别人做大了，你却不行》

第6章　商业要觉醒

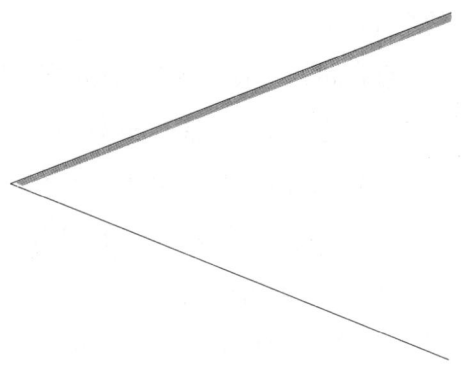

39

很遗憾，99%的经营者没有下半场

40岁以前，我一直做企业顾问，服务的多数是超大型企业，咨询费千万元以上。2009年，我觉得这种活法没什么意思，只是教别人怎么踢球，自己却没下过场，特别心痒，想自己上场踢一场。

40岁时，我到一家餐饮集团做总裁，年收入数百万元，管理5000多名员工，很多人像看猴子一样看我，不理解我为何放着跨国公司不待，偏偏往民营企业里面跑。

不到一年半，我发现做企业的难度远超想象，球在脚下，往左传还是向右传，结果完全不同。当时我所在企业老大就是对当时的形势做了个致命的误判。

事实证明，这是严重的战略误判。

这家企业管理很好，后来却垮掉了。为什么？我在《多谈经营，少谈管理》一文中写过，很多企业是"为了管理而管理"，一线出了问题，都认为是管理出了问题，却没有意识到对企业而方最重要的是经营。

做总裁不到一年半，我就辞职了。这段经历对我触动特别大，当今这个时代，纯粹的业务咨询已经不够，关键是要唤醒企业家的危机感和责任感。

时代剧变的转折点

改革开放40余年，企业在过去的很多做法已难以为继。90后的孩子，因为父辈已经建立比较好的经济基础，创业可能直接就是为了意义。他们想做有意义、有价值，能够符合自己兴趣的事。

老一代谁会谈意义？这个活干也得干，不干也得干，因为要活下去。

中国的商业环境经历了从机会驱动、创新驱动到使命驱动的3.0版迭代进程。

1. 机会驱动

改革开放之初，我们的市场长期处于供给端的短缺状态，企业像在做填空题，随便找一找就能发现机会，只要填进去就有钱赚，而且不用创造，国外的东西直接拿过来简单复制就可以了，更伴随着对资源、环境的挥霍。

这是典型的中国经济1.0，是机会驱动。

2. 创新驱动

发展之后，行业门槛越来越高，每个地方都是红海一片，这时候企业面对的是改错题，以前是卖方市场，消费者没什么选择，现在变成了买方市场，变成"凭什么选你而不选我"。这个时候就开始比较谁离顾客的需求更近，谁能抢占心智，打造差异化优势。

差异化的背后是创新，对客户的需求做"无中生有"，因为原有的东西已经无法满足客户。

当创新成为主旋律，人人都觉得要创新，就来到了中国商业的2.0时代。

3. 使命驱动

创新到底靠什么驱动？我们知道创新是技术驱动的，但很多人没看到技术如何流动。实际上，驱动技术的杠杆是资本，人才是跟着资本走的。

但这里有个重要的命题：为什么人才和资本流向了别人而不是你？

其实，技术和资本中间还要有一个能预判技术衍变、能把技术和商业结合起来的创造者。这个创造者就是企业家。带动创新的正是这类有使命感和大格局的企业家。

资本表面上看商业模式，其实更看重背后的那个人。起初做电子商务的人很多，为什么孙正义不投别人，偏偏投了马云，因为他看出马云是最有可能把这件事做成的人。

马斯克为什么造火箭？因为他认为，2040年世界人口会达到100亿，到时候地球住不下。

这些看起来像疯子一样的人，能够用使命驱动一个商业组织，如果组织里的每个人都奔着这个梦想去，就产生了责任感，就都有发现和改变世界的力量。

你身体的1%决定了你的事业高度

2012年至今，我近距离观察了1000多位企业家，通过一对一深度访谈和辅导，了解了他们的喜怒哀乐和特质。

我经常讲，我们很多企业家是稀里糊涂成功，稀里糊涂失败的。为什么？因为他们从来没有仔细复盘过去的脉络。

1. 唤醒自己

拿支笔在纸上用一条曲线画下你的人生历程，高点在哪儿，低谷在哪儿。有正有负，正的是你做对了什么，负的是你做错了什么。思考驱动你成功的最核心因素是什么。

发现过去几十年，你身上最与众不同的1%是什么。你身上肯定有最不可替代的1%。找到这个核心能力，就可以复制它，未来把成功无限放大。

2. 唤醒企业

唤醒是什么？看看除了自己的这1%，企业还有哪些潜能可以最大限度地释放。停下来看看产业里面究竟有什么是尚未被洞悉的更大的机会，然后激发整个组织去突破它，开创新的使命和愿景。

无论是做人还是做事，都要基于自己的核心能力。

当这两点清晰之后，企业家的生命和事业就合二为一，然后开启精彩的下半场。

财富自由不是企业家的目标

通过多年研究，我发现"人事合一"是所有企业家面临的最大挑战。

很多人把企业和人生割裂开了，个人理想和企业理想不一致。作为企业家，没有意识到财富自由不是自己的使命，解决问题才是自己的使命。

如果只把做企业看成赚钱、实现财富自由的手段，人们看清你的目的后，就会怀疑为什么要追随你，为什么要跟着你奋斗。这是典型的"人事不合一"。

我认识这样的企业老板，两口子都特别喜欢玩，稍微赚点钱就把公司扔一边，去周游世界。突然有一天，他们发现公司造血功能不足，必须回来再赚点钱。

一边赚钱，一边还想着玩，他们把工作当成让自己解脱的方法，这样能把企业做好吗？肯定做不好。

我们知道一边做作业，一边想到外面玩的孩子，往往学习都不好。

真正能做好事业的人，都是"人事合一"的。褚时健为什么受人尊敬？他就是把人和事合在一起，抛弃了名和利，把"褚橙"作为自己唯一的追求，其他的事他都不参与。

现在的环境不再像过去那样简单，很多机会背后都有深层次的问题，你有愿力去解决它，机会才是你的。

举个例子，滴滴解决了打车难的问题。这个难题大家都能体会到，为什么视而不见呢？

（1）当机会出现以后，有人看见，有人看不见，区别就在于看待问题有没有独到眼光，这是智慧。

（2）要有解决问题的勇气，没有勇气，你根本不敢入场。

（3）要有改变行业的使命感。

你看，逻辑一下就出来了，我把它叫作"仁、智、勇"。

前面讲到，今天的商业不是填空题，而是改错题。改什么？改那些全行业都在回避的难题。没有"仁、智、勇"，题目是无解的。

99%的经营者没有精彩的下半场

领导者能达到的高度，取决于他心中能装下多少人。按照这个标准，我们可以把领导者划分为五层。

第一层：商人

这个层次的经营者心里只有自己，想的是如何让自己的财富、地位和名利得到提升。这类人追逐个人利益的最大化，只是做交易的商人。

第二层：企业主

再往上走，能把整个企业组织装进去，可以称为企业主。他们想的是企业里面几百个员工及其背后的几百个家庭。他们能意识到个人的价值和企业的几百或几千员工是息息相关的。

第三层：企业家

他们心里装着行业，想通过自己的努力改善行业不合理的状况，到这个程度就有点企业家的味道了。

第四层：民族企业家

这类企业家有家国情怀，他们的发心是做民族品牌，填补中国的空白，可以站在国家的角度思考问题。

第五层：人类企业家

再往上走就是最高层级，他们站在整个人类的视角看问题。

衡量企业家，我有一个方程式：成就＝智慧×众生×使命。

所谓众生，就是你心里装着多少他人，就这会决定你的格局。

你心里只有自己，你就是个商人。

你装着整个企业，你是企业主。

你解决行业痛点，成为行业领袖，你就成为真正的企业家。

你胸怀家国，你就是民族企业家。

你心系整个人类社会，你的格局就是改变世界。

能开启精彩下半场的经营者，不会超过1%，换句话说，99%的经营者没有下半场。

结语

有些所谓的成功经营者，成功之后喜欢证明自己，递过来的名片上印满了头衔，在家中也是一副领导做派，这就是太沉醉于"角色"了。

企业家的核心只有一个，就是责任。

今天单靠一个企业家单打独斗是不行的，要让整个组织的力量长出来。

我认识一个广东的企业家朋友，其公司市值将近200亿元，他每天早上7点准时去办公室，大约晚上11点回家，一年只给自己放4天假，期间还在拜访客户，坐飞机只乘经济舱和夜班，因为便宜……

他把所有都奉献给了这家企业，奉献给他的几千名员工。前不久，他辞去了董事长职务，退居幕后，每天在微信群里给他培养的年轻干部"打报告"。

然后"自我"没了，组织起来了。

作为一名企业家，开弓没有回头箭，这也是有些企业家70多岁还在奋斗的原因。

企业家是社会一个稀缺的小群体，有其天然特质，把这点想明白，就没什么可抱怨的，工作就好了。

本文首发于"正和岛"公众号2018年8月22日，阅读量6.3万；

凤凰网财经2018年8月29日转发，阅读量8.9万

40

残缺的苹果——商业觉醒

上完课,从闷热的暖气房间走出,凛冽的寒风迎面而来,一阵爽冽。如此清新的空气,大有畅快呼吸以驱散室内沉闷,给大脑大量补氧的冲动,于是决定在户外走走,等走得差不多了就顺道拦辆出租车回返,岂不两全其美?

如此想来,便没有用手机订车。北京的元月,夜里十点来钟,从室内走出来的头几分钟感觉是惬意的,但随着时间的推移,北风刮过脸颊已不再舒服,而是有如刀割一般疼痛。起初大衣包裹的暖热身体,已彻骨冰凉。

路越走越远,可车越来越不见踪影,北京的出租车是真难打啊。这时想起网络叫车,掏出手机准备操作,可是苹果手机被冻关机了。反复开机,都未成功,电池预警电量太低,需要充电才能启动,茫茫四环辅路,何处可充电?

明明出门前充过的,怎么又没电了呢?

往前追溯两个月。因为一直使用苹果手机,体验也不错,所以系统一提示有新版本,就会立即升级,就是相信越升级越好用。

两个月前当系统提示iOS 11到了,不假思索,立马就完成了对iPhone 6 Plus的升级。可恰恰就是这一升级,买了两年多,花费近6000

元的苹果手机就废了。电池突然不好使了，刚充满电，用不了多久就会显示电量低。

如果不充电，显示是超低电量，竟然比以前用的时间还要久，但不一定什么时候就关机，这种不确定性简直防不胜防。

带着这个残缺的苹果走到哪里，充电就到哪里，但还得随时应付突然没电的可能。

而且，自从升级到iOS 11以后，每一个APP打开的速度都比以前要慢，甚至莫名其妙就会退出，需要重新启动一两次。简直就是耐心大考验，看你什么时候会把手机摔了。

两个月前的那次系统升级让我觉得就是苹果动了手脚，让手机变慢，让电池不好使，让你的心情变坏，应该把它摔了，再去换个新苹果。在持续发酵的网络声讨和群体起诉中，面临着潜在的巨多官司和巨额赔偿压力，傲慢的苹果公司被迫发出了公开道歉信。被咬掉一口的苹果，这次真的残缺了。

商业中的道德因子

依靠自有技术形成垄断地位，赚取高额利润，从而赢得资本市场的青睐，似乎天经地义。

就如凡利亚药品国际公司（VRX），专门收购在专利保护期内或者独家品种的药，然后大幅提高药价，把几美元的药直接提价到几百美元，还曾将旗下五款产品涨价800%以上。

又因为这些药必须服用，商业保险公司和患者不得不掏腰包，因此在五年半的时间里，VRX的股价翻了18倍。

新制度经济学派把道德作为一个重要因子正式纳入经济学研究范畴，试图在正式的法规约束失效时，依靠非正式的约束——道德、禁忌、习惯、传统和行为规则，用社会舆论和人们内心的信念良知来再次进行约束。

正是有了商业中的道德因子，VRX这种"只顾自己赚钱，不管他人死活"的模式在民意和政府的双重重压下，一年半的时间就被彻底赶到了该去的阴暗角落，股价最终蒸发了97%。

商业需要觉醒

因为开创了智能手机的时代，激发了人们隐藏的巨大需求，苹果公司10年来赢得了全球的喝彩，傲视群雄，并因此高溢价赚取了高额垄断利润。

韩国媒体Business Korea报道，市场研究公司Strategy Analytics 2017年6月4日发布报告，2017年第一季度，全球智能手机制造商营业利润总额为121.1亿美元，其中苹果智能手机就占了83.4%。而且苹果智能手机业务的运营利润率为30.1%，超过30%的运营利润率在制造业是相当罕见的。

此时苹果的市值已接近9000亿美元，直奔万亿元的目标。为了这个目标，苹果开足马力攫取利润，手机单价不断被提升，iPhone X直逼万元大关，目的只为守住那个狂傲而又贪婪的30%利润率。同时为了挽回市场占有率，也不惜采用本文前述的让老款手机降频变慢的方式达到自己的销售额目标。一个行业的领导者正一步一步地从下图的右边滑向左边，逐步堕落。

商业觉醒

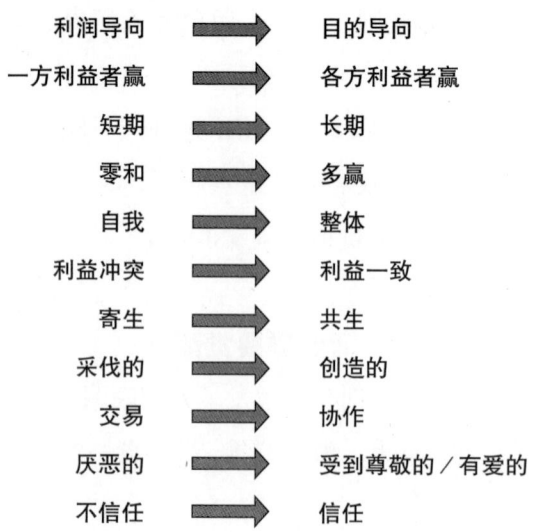

盛极恐衰的苹果应当重回初心，重返上图右侧，成为一个真正觉醒的商业领导者，捍卫共同利益。

自我觉醒的商业应当真正捍卫的是什么呢？

商业需要觉醒

新商业觉醒五维度

1. 使命觉醒

使命是一个组织存在的价值，它既是起点，也是终点；既是航标，更是明灯。

使命觉醒，就是要反思和明确我们做商业的目的是什么——是仅为一己之利，还是兼顾他人、行业、国家和社会之利。

在《基业长青》一书中，作者提到，在全世界最优秀的长寿公司中，都会发现一种超越经济因素的、更加高尚和理想主义的核心理念，那就是使命的力量。

一个使命觉醒的商业组织，可以让你彰显存在于世界的独特价值，活出意义；可以驱动你去做每一件事，活出精彩；可以让利益相关者相互关切并积极支持，投入到你的事业中来。

2. 企业家精神觉醒

企业是企业家驱动的组织，在创始人领导的企业组织中，企业家地位举足轻重，是灵魂，是核心。即便在西方成熟的商业社会中，不同精神的企业家领导人，也让企业兴衰命运各不相同。

IBM在20世纪90年代急剧衰退行将被分拆的时刻，外部人郭士纳带着他的企业家精神，让IBM起死回生，重回巅峰，延续了20年的辉煌。

但2010年以来，进入云计算、大数据的时代，平庸的CEO重又使IBM跌入低谷，因为郭士纳式的领导人所倡导的企业精神在IBM被磨灭了。

在苹果，毫无疑问，库克正沿着乔布斯开辟的道路登上今天的巅峰，但如何延续是需要苹果发扬新时代的企业家精神去积极探索的。

中国新时代的企业史还很短暂，还在因袭创始人基因存续，觉醒企业家精神就更加可贵，只有进化出健康成长的基因，企业才能获得新生，发扬光大和传承延续。

3. 共同体战略觉醒

当今世界多极化发展，但基于共同的市场，共同的地球环境，让世界变平的技术和互联网力量越来越强大，人类进入命运共同体的时代，所以新商业更应立足共同体战略的觉醒。

今天的商业，要么打造一个生态，要么融入一个生态，只有在个体、组织、行业、社会、环境等诸多方面营造共生共赢的战略，你的组织才有可能获得成功。

2017年，沃尔玛重回世界财富500强第一的宝座，它始终坚持的就是通路共享模式。让顾客需要的商品借由沃尔玛的精细通路运营，加之与供应商共同的战略改进和成本优化，从而共同践行其所倡导的"天天平价"，最终消费者、供应商和沃尔玛共同受益。

比较沃尔玛的共同体战略，中国的零售业更需要共同体战略觉醒。

4. 组织制度觉醒

华为2017年销售收入突破6000亿元，无疑创造了中国企业的神话。综观华为的成长，不得不提的是，华为在1996年只有不到10亿元的中小企业规模时，历时三年铸就了其"基本法"，从战略方向、人才、分配、文化等诸多方面建章立制，奠定了未来成长的全面制度基础。

组织制度的觉醒，高于文化，高于组织，高于管理，是商业觉醒的重要保障和推动力量。

5. 个体力量觉醒

这是一个个体崛起的时代，当商业供给与消费主体都平移到80后、90后，甚或00后之后，我们对商业的认知也要随之升级改变。

这些消费者有着更好的知识结构、家庭背景、互联网意识和思维，更有着崇尚个性、追求独立的人格。

谷歌，这个年轻和极具创造力的组织里，开创了员工幸福、组织创新二者兼得的觉醒商业楷模。

德鲁克认为，管理的目的就是激发和释放每个人与生俱来的善意和为他人贡献的潜能，所以我们要有自信，让个体力量推动组织进化，伴随中国的崛起，去引领世界！

苹果在商业上也许是成功的，如果它能借助自己行业领导者地位，将对产品完美追求的基因扩展到全面的商业觉醒，岂不可以因此伟大而基业长青？

本文发表于《商业评论》杂志2018年3月刊，题目《残缺的苹果》；2018年10月17日再发于商业评论网，题目《新商业觉醒》，阅读量5.7万

41

危情之下，重思企业家精神的"源"与"流"

时光进入到2020年，这是值得铭记的新世纪第二个20年的开端。从2001年人均GDP突破1000美元，到2019年底跃上10000美元，中国用了不到20年时间。

突如其来的新冠肺炎疫情，让本该欢闹的春节进入停摆状态。全国人民都宅在了家里，本该红火的餐饮、住宿、交通运输、文化旅游行业陡然黯淡，其他行业也处于半开工状态。全社会打响"让企业活下去的保卫战"。在此保卫战中，企业家和企业家精神无疑变得尤为关键和重要。要厘清危情时刻所需要的企业家精神，我们不妨到古今中外的商业长河中去审视和发掘。

企业家精神的"源"

"企业家"这一概念最早由法国经济学家理查德·坎蒂隆在18世纪30年代提出，精准定义了企业家的使命与价值。理查德·坎蒂隆认为，企业家的价值就是要使经济资源的效率由低转高，企业家精神则是企业家的精神和技巧二者的集合。

1912年，熊彼特对企业家精神有了新的定义。熊彼特认为，企业家是经济发展的带头人，是实现生产要素重新组合的创新者，其价值就是"创造性破坏"。

但将企业家精神带入深刻实践的无疑是德鲁克大师。德鲁克在《创新与企业家精神》一书中这样概括企业家精神：第一，大幅度提高资源的产出；第二，要创造出新颖而与众不同的东西，改变现有的价值；第三，要开创新的市场和新的客户群；第四，视变化为常态，总是在寻求变化，并将变化视为机遇加以利用。

德鲁克进一步诠释，企业家精神与企业的规模、性质、所有权、人格特质都无关，它既非科学，也非艺术，而是源于实践。

那么，企业家精神是以什么样的实践形式来呈现呢？创业！

不管是从"0到1"的初始创业，还是在原有企业规模上进行的二次创业，还是处理生死存亡的重整危机创业，企业家的蜕变和企业家精神的承载都是在创业这一实践形式中完成和实现的。

由于发展历史、文化底蕴和企业家崛起的背景不同，中国和西方企业家精神的特质并不相同。

西方企业家精神的实践

西方现代商业因袭于工业革命，技术革命和科学管理方式推动了商业的大规模发展，因此也建立了先进的商业形态。

这中间企业家精神的实践体现为如下几个方面。

1. 站在世界看世界

当大规模工业带来大量丰富的商品时，西方市场已无法满足其发展需求，西方国家选择向全世界输出自己的商品。所以，站在世界看商业、看市场是西方企业家精神的第一个显著特征和基因。

2. 竞争意识

早期的国外输出不是自然而然发生的，国家武力便成为商业输出的形式。西方国家用枪炮、战争打开了中国与其他一些国家的大门，武力掠夺、殖民抢占更多的人力资源、自然资源和市场资源。

丛林竞争、零和博弈的意识和实践在今天国际间贸易竞争中、互联网行业只有第一没有第二名生存空间思维和格局中，仍体现得淋漓尽致。

3. "技术＋资本＋人才"创新驱策

对技术的深刻重视和把握。

当创业者洞察某一技术或者某一新技术应用趋势时，他们做的第一件事情就是基于创意启动一个创业天使轮，通过估值获取外部资源，用外部投资来完成创业者对创意的商业化构造，让创意产品化。做产品验证时再启动Pre A轮融资，然后是1到10，10到100的多轮融资，最终走向IPO。

西方创业者的创新完全建立在市场化资本支撑的模式上，并且有非常清晰的破产清算方式。创业者创业失败时，只需承担有限责任，有新的创意时还能继续寻求外部资本继续创业。

所以，我们常能见到西方创业者可以横跨众多领域，进行连续性的各种创业。

有了技术，借助发达的资本，然后带动人才跟着资本流动，于是聚集的人才发挥更大的创新和市场化的动能，最终实现企业的扩大化和发展化。

技术、资本、人才、创新就构成西方（特别是美国）最为显著和有效的企业家精神体现的创业方式和实践。

4. 人才壁垒

为了更好地在科学技术上建立全球统摄地位，以美国为代表的西方国家更加重视教育和全球人才吸引，所以在国家机制上为源源不断的企业家创新精神建立起更为强大的人才基础和竞争壁垒。

全球市场视野；竞争意识；技术、资本、人才三位一体的创新驱动；国家教育和人才引进机制建立起的人才壁垒，就构成了西方发达国家的企业家精神主旋律，不仅更加推动西方商业的发达前行，也无形中成为通用标准影响着全球的企业家精神的实践。

中国企业家精神的现实

改革开放以来中国才真正开始现代商业建设,也才有了真正的大规模的企业和企业家实践。

中国的企业家精神具有以下不断探索的特色。

1. 草根创业

在迈向现代商业的进程中,中国早期的创业者基本都是草根创业,而且基本都是为了生存,为了养家糊口,白手起家或借助亲戚朋友的帮衬开启了第一轮创业。

2. 无限责任

尽快中国的资本市场也开始繁荣起来,但中国企业的创业模式仍旧延续着无限责任的模式。也就是说,创业过程中无论有没有外部资本的介入,所有的风险都需要创业者来承担,常常需要个人担保和承担无限责任。所以中国的企业家和创业者绝大多数输不起,这也导致很多首次创业失败的人很难连续创业。

3. 家族经营

在这样的创业背景下,草根带草根,家族经营就成为普遍现象,家族财富传承也就顺理成章。传承和继创是中国企业家精神延续的思考中一个持续话题。

4. 立足中国向世界

因为是草根创业,所以中国的企业家是因中国而世界,首先立足的是中国市场,发展壮大后才走向世界。今天如日中天的中国企业也无不是按照这个市场逻辑来成长的。

5. "勤劳 + 包容 + 隐忍 + 坚守"构成强大软能力

白手起家和无限责任,让中国文化的优秀精神在企业家精神的实践中体现得淋漓尽致——勤劳、包容、隐忍和坚守。

固然今天有不少按照西方企业家精神创业成功的代表企业，但支撑中国经济和就业的基础却是千千万万的中小企业，研究它们才能真正认识中国企业家精神的真实写照和未来发展。

总结中国企业家精神的现实应当是：草根创业；无限责任；从中国到世界；勤劳、包容、隐忍和坚守。

企业家精神的"流"

中国终于达到了美国GDP的60%，中外、古今来到了交叉点。

我以为，新时代的企业家精神从"源"到"流"，应该赋予新的内涵和实践。

1. 高于商业，人类使命

美国需要中国市场，中国需要走向世界，这是一个你中有我，我中有你的商业新格局，这是全球化不可阻挡中企业家精神流向的新命题。

2019年8月19日，181家美国顶级公司首席执行官在华盛顿召开的美国商业组织"商业圆桌会议"上联合签署了《公司宗旨宣言书》。《宣言》重新定义了公司运营的宗旨，宣称：股东利益不再是一个公司最重要的目标，公司的首要任务是创造一个更美好的社会。

从股东的企业走向社会的企业，从竞争走向竞合，这是企业家精神实践的改写，具有里程碑的意义。这与中国走向世界，倡导人类命运共同体的理念不谋而合。

2. 立于顾客又超越顾客，众生思维

企业存在的唯一目的就是创造顾客，这是曾经经典的语录。新时代环境下企业的存在应当是为了社区、利益相关者、行业整体以及人类社会的共同美好这样的多维目的，也就是说企业要立于顾客又要超越顾客，这样企业家才能走出丛林竞争和零和游戏的困局。

多么美好的共享单车，但在追求自我企业成功的路上，不仅企业经营困难，而且还造成社会财富极大的浪费。看看四处散落的废弃单车和被摧毁的自行车行业，我想这绝不是企业家精神所应实践的方式和结果。

所以，企业的目的应超越自我和股东的成功和利益，更应追求他人、行业和社会的共同成就和繁荣。

3. 超越体力和脑力，心上生发愿力智慧

从个人成功到成就他人，这是企业家精神的价值认知超越，它需要企业家具备超凡智慧。

2018年诺贝尔生理或医学奖获得者，日本医学家本庶佑提出"创新只是结果"，所以我们不能只在"果"上求。

我们更应看到创新首先是基于对社会众生现实问题和潜在需求演变的洞察而浮现的，巨大的商业机会往往就隐含其中。

马斯克认为全球人口在2040年达到100亿之后，地球将不堪重负，人类需要移民外星，于是他创业要开发重载火箭，让人类可以自由来回外星和地球之间。他身上的企业家精神就是立足于对社会大众的生存关切和爱，因而他被认为是可以改变人类命运的伟大企业家。

同样，微软在第三任CEO萨提亚·纳德拉带领下，展现同理心思维，予力全球每一个人、每一个组织，成就不凡，所以微软再度辉煌。

因为有了这份悲天悯人的爱，再将其加载到企业家个人和事业的大愿上，企业家精神就会变成使众人同行的影响力、创造力和生产力，创新终可因共同的使命汇聚和达致。

人生成就方程式：企业家精神流向新内涵

综上所述，用一个企业家成就方程式，就能概括古今、中外交叉时期所应倡导的企业家精神实践流向的新内涵。

$$成就 = \frac{智慧 \times 众生 \times 使命}{习气}$$

一个企业家，他心中的众生越多，爱越大，愿力就会越大，成就也就越大。

想要让企业家人生成就最大化，除了怀抱智慧、众生、使命之外，还需要克服日益养成的不良习气，使其不再是拖累企业家前行的负重。

结束语：商业觉醒，向上向善

要完美解析这个企业家成就方程式，企业家们需要一个觉醒的历程。

生命的唯一目的就是觉醒

如果爱不能唤醒你

那么生命就会用痛苦来唤醒你

如果痛苦不能唤醒你

那么生命就会用更大的痛苦来唤醒你

如果更大的痛苦不能唤醒你

那么生命就会用失去来唤醒你

如果失去不能唤醒你

那么生命会用更大的失去唤醒你

……

生命会用生命的方式在无限的时间和空间里

在无尽的生死轮回中不停歇地唤醒，直到你醒来

疫情危机，正是商业觉醒的契机，唯有向善向上才有商业觉醒。

→进入"商业觉醒大学"公众号"企业CT"栏目，开始"商业3.0"评估

本文首发于"商业觉醒大学"公众号2020年2月14日，题目《李志宏：危情之下，重思企业家精神的"源"与"流"》

42

为什么你的大愿没有带来力量

朱总2003年年初创立了他的企业,历经14年的发展,企业品牌成长为行业一线品牌。也是在这个节点,我认识了朱总。与他如日中天的企业一样,朱总意气风发,有着极强的愿力和雄心让自己的品牌"成为最具活力的世界知名品牌"。

走访了他的工厂,见过他的团队,隐隐有一种不祥的感觉。一个月后,不祥变成了事实:朱总公司出现了巨大的危机和动荡。企业和人生的重大考验突然横亘在朱总面前,我们都替他捏一把汗,当然也尽一切所能去帮助和陪伴他。

令人欣慰的是,危机没有击垮他。他一边静观危机中的变化,一边深入传统文化的智慧修习之中。最终朱总扭转乾坤,将企业重新引回正常运营的轨道上。

这期间,朱总始终坚持深度学习与自我修炼,引入定位顾问,深度浸泡于私董会,当然更深入企业一线。终于,一把利剑式的成长路径跃然心底,"打造百亿装备制造企业梦"开始清晰呈现。

为什么两个大愿,呈现的力量截然不同?

原理：幸福的"涌流"状态来自何处

泰勒·本-沙哈尔教授在哈佛大学讲授最受欢迎的幸福课，在其《幸福的方法》一书中他明确指出，人只有选择在意义（使命）、快乐和优势结合的地方工作，才会达到我们所渴求与持久延续的"涌流"和幸福状态。"涌流"是一个心理学术语，它意味着为了工作或学习最大限度地控制与激发自我，是自我调节的巅峰状态。此时的自我情绪积极，精力充沛，全神贯注，能出色完成任务，并满怀喜悦和幸福。

只有那个能激发立愿者持续"涌流"的大愿，才会真正生发出立愿者的前行力量。朱总从大学一毕业就进入他所学习和目前从事的装备制造专业，做过职业经理人，做过行业领先企业的高管，然后自己创业，还以行业协会会长的身份引领行业发展。一个为行业而生、痴迷而又执着的人，快乐与优势自不必讲。但为什么前后两个大愿，"成为最具活力的世界知名品牌"和"打造百亿装备制造企业"，所产生的"涌流"状态却不相同呢？

立愿过程：从"发现、唤醒"到"激发"

立愿是人们对未来事业或人生目标的畅想、勾画和设定，从而引领当下的行为和思维。相对于当下，立愿的意义在于引领我们从过去到未来的"穿越"，可以通过顿悟，也可以通过渐悟。

绝大多数人是渐悟，所以"穿越"常常要通过一个漫长的"时光隧道"。如同禅修的人多年打坐，突然某一刻开悟了，开悟那一刻是"顿悟"，但究其整个修行过程，此时的顿悟也是长期渐悟的结果。从根本意义上讲，顿悟是不存在的，只是渐悟的结果。或者说，顿悟是长期渐悟之中刹那间的开悟。乔布斯究竟是怎样悟到iPhone的革命性创新，除了他自己，我们都不得而知。但其长期禅修并在禅修中悟"道"是一个事实，也促成了他一生的巅峰。

要立出一个从心底涌出的大愿或志向，应该遵循奥托·夏莫教授给出的经典"U型理论"。

只有面向"未来"才会有机会，也才会让我们不至于被时代淘汰。我们每天面临的都是从"过去"到"未来"的实践与思考。U型理论告诉我们，连接过去与未来的是"自然流现"——只有将过去的感知转化为深刻的认识和认知，才可能实现自我的转化，转化为更大的意志，即新的志向与愿景。由此才会实现转化行为：建构新的原型，实践探索，体制化地实现新事物。

所以，需要悬置过去的模式，从全新视角去观察过去的自己与所从事的工作，整体内观过去那些工作和事情体现了自己的哪些优势、快乐和意义。再尝试放下"自我"，去看这个工作、这个事业或者这个时代需要什么样的快乐和意义，也许你就能触碰到一个重大的机遇或需求（在这个意义上，乔布斯看到了人类利用手机追寻全新生活方式的可能性）。这时，再连接自我的源头：是否可以激发更大的自我优势，更广泛地营造与传播快乐，探寻与奉献更具意义的社会价值和人类价值。这样，一个发自内心的意愿与愿景就会结晶呈现。至此，你也就完成了从过去到未来的真实穿越。此时的大愿是油然而生的，"涌流"的力量会始终滋养着你，从此你也将更顶天立地。

总结而言，一个有力量的大愿形成，有两个不可逾越的阶段。

1. 发现

发现自我的独特DNA特质，这是生发我们优势和快乐的源泉和基础。就如朱总，他追求完美，所以他对把握未来与平衡当下都能兼顾；在富庶的家庭环境中长大，无忧无虑的强烈安全感，使他面对困难时具有极大的承受力，而且在重大危机面前接受了深度考察与验证；前半生充满激情与热爱地坚守在他所从事的装备制造行业，所以对行业的洞悉非常深刻。这些都是朱总生发大愿的源头连接点。

2. 唤醒

唤醒自我的充分潜能。我们身上还有什么未被挖掘但充满力量的特质？朱总在此次剧变中开启了回看过去的模式，进一步自我内观与集体解析，真正明白了自己创业的初心，他并不是要做一个最具活力的世界知名品牌，而是要担负中国装备制造业的责任！2003年，朱总辞去年薪200万元行业知名外企的高管职位，追求完美，怀抱"让客户满意、让员工幸福的崇高使命感"艰苦创业。责任，对他人、对社会和国家的责任感，是朱总身上最为显著的特质！如果将责任放大到组织的文化、资源中，并变为与社会连接的纽带，是不是力量就更大了呢？再到产业生态圈，是不是责任感的特质就被充分唤醒和无限放大了呢？

于是，"打造百亿装备制造企业"的愿景油然而生，自然呈现。责任与共生，不仅激发了朱总本人，更连接了员工、股东和合作伙伴，还连接了政府、高校、科研与其他相关机构。从个人的优势、快乐和意义，走向产业生态的优势、快乐和意义，朱总在"发现"与"唤醒"上次第完成了"大愿的激发"！

本文首发于《商业评论》杂志2017年8月刊，题目《为什么你发了大愿，却没带来好的结果》

43

双U穿越

企业家"人事合一"的深度调查

每次与企业家群体见面或上课时,我总会用一个"企业家气象表"来了解他们过去一段时间在事业、身体、生活和心理等四个维度的基本情况,请他们以1—9分自评。研究多个样本之后,有如下有趣的发现。

在事业状态方面。起伏不定,时而高分,时而低分,而且低分状态居多。在身体和生活状态方面,男性企业家以低分居多,女性企业家多打了稍高分。在心理状态方面,总分偏高,而且也是女性企业家普遍高于男性企业家,但总体都是阶段性波动较大。

从以上调查结果可以看出,第一,当今环境下,经营难做已是不争的事实,企业家事业状态集体哑火。第二,男性企业家因其社会和家庭主力的定位将心思完全扑在了事业上,所以舍弃了身体和生活,身体与生活状态都偏差。第三,女性企业家因要顾及家庭,多面兼顾,加之心灵更容易调节,所以身体和生活指数较高。第四,尽管波动,但无论男性还是女性,都选择了较高的心理状态分数,所以说,无论经营环境多糟糕,企业家都练就了强大的内心。

该调查让我们看到一个问题严重的企业家群体:作为独立个体的

"人",他们的身体、生活、家庭与心理均处于"亚状态",还有相当一部分处于"病状态"。而事业主体,他们像对生命一样呵护的"第二生命"——企业,也一样处在低迷与痛苦的边缘。而且,人与事二者的分裂与不和状态,让很多企业家处于几近崩溃。

人事合一状态的进一步探究

为了更进一步了解企业家的"人事合一"程度,我们又开发了以下"人事合一九宫格"模型,以期更加精准地进行分析。

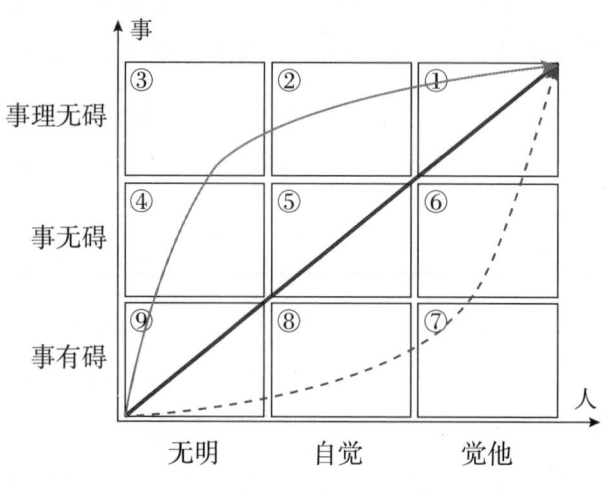

人事合一九宫格

横坐标代表企业家的本身状态,分为三个阶段。无明阶段指处于混沌阶段,对很多事理处于对立的理解和处理之中,表现为冲突,与团队的冲突、与合作伙伴的冲突、与家庭的冲突,特别是与自己的冲突。如此自然身体、生活与心理均会出现问题。自觉阶段,也即自明阶段,开始明白自己是谁,自己想要去到哪里,开始明白我之存在的价值和意义，可以修复与世界、他人以及自己的关系，达到"不二"的境界，不再对立看世界，而是追求本质与真相。觉他是最高层级，不仅自己"不二"，而且还倾尽全力引领他人"自觉"，追求共同和谐与命运共同。

纵坐标代表企业家所做的"事"（业务、事业）的状态，也分为三个阶段。事有碍指事业的方向、路径，以及实施结果的状况，其中一个、两个，或者三个存在重大问题，造成了事整体存在障碍和不好的结果。事无碍，指当下事业的方向、路径和结果都比较好，处于顺风顺水的阶段。事理无碍，指不仅当下无碍，而且找到了不断突破事业的外在规律、内在机理；以及能力资源体系。

如此定义，企业家的人事合一状态就呈现9个区间。很显然，区间①是最高和合状态，人事当下合一，还能未来合一。区间⑨是最不相合状态，人无明，事有碍。

按照这个模型，企业家自评反馈结果大概说明处于"人无明、事有碍"的区间⑨是普遍状态。有趣的现象是，男性企业家多以向上趋势突围，选择事的突破带动人的突破，如图中的灰线；女性企业家多以向右突破，选择自我突破来带动事的突破，如图中的点线。可喜的是，区间①"事理无碍、觉他"是大家普遍的心声和追求目标。

双U穿越：企业家人事合一的路径

如何让企业家从"无明、事有碍"的泥潭中拔出来，走向"自觉、事无碍"之路，从而最终奔向"觉他、事理无碍"的圆满成就？

在过去8年中、1000个一对一企业家辅导或访谈、20000多小时的研究和实践之后，我提出了以下企业家和企业人事合一的"双U穿越"理论。

商业觉醒

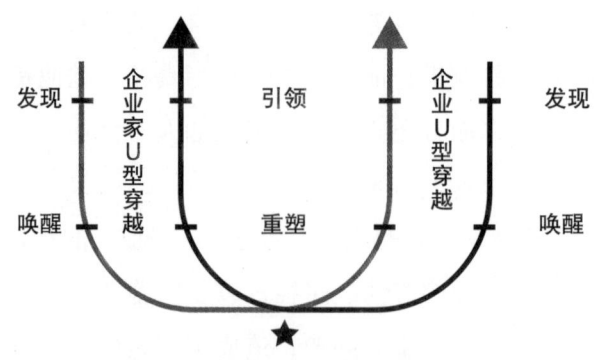

激发：企业家和企业的人事合一

"双U穿越"理论

首先看从左到右的灰色U型穿越。

1. 发现

回顾过往，从成功和失败的经历中发现属于自己的特质和脉络，找到自己的独特DNA，它是每一个人身上所具有、带你走向未来、最可复制的根本。比如，通过对开创者与守望者的分析，你会发现你可能是个更好的开创者，那么做0到1或到10的事就是你最好的定位；如果你是守望者，做10到N就是最好的定位；既能开创，又能守望，那么你是完美的人。

2. 唤醒

冰山模型告诉我们，今天我们所展现的仅是我们能力体系的10%，还有90%能力处于未被开启的状态，也就是我们常说的潜能。潜能是需要被唤醒的。如唤醒潜能？大量实践表明：改变，彻底的改变，断舍离，是最可能开启潜能的契机。此时U型穿越就已下探到底部，对自己的信念和价值观进入重新审视的阶段，大爱会慢慢升起，更多的他人会呈现在你的心底，你会发现更大的兴趣，打开自己宝藏的动力就会呈现，潜能自然就会被释放。

3. 激发

唤醒的不断打开，沿着U型底部不断前行，通过渐悟中的一次或多次顿悟，你会突然发现自己的心声和使命，找到那个契合你特质和潜能开启方向的意义所在。

作为企业家，应该还有另一个U型，即上图从右到左的黑色U型穿越。

1. 发现

我们也同样要从企业的历程中去发现我们企业成功和失败的脉络，找到优势和劣势，特别是支撑企业走到今天的那个DNA，也就是核心能力——客户所需要而我们又独特拥有的能力。同时我们更要发现行业甚至产业演变的趋势，以及最好的商业机遇将会出现在哪里。

2. 唤醒

新的商业机遇往往隐含在巨大的困难之中，可是我们有勇气去直面、去破解困难吗？一个企业要冲出困境，U型下探中最需要唤醒的就是整个组织的企业家精神——破坏与开创的勇气，奉献与担当的精神，行业进化与社会责任履行的使命。

3. 激发

随着对行业机遇的日渐明晰，以及企业精神的不断开启，企业的愿景和战略会不断清晰地被呈现。企业的U型也来到了底部。

企业家的U型和企业的U型进入相交阶段，此时就是人事合一的契机。最佳的和合是企业家的人生使命与企业的组织使命的和合，是走向新商业觉醒的和合。这样的和合就会"不二"。否则就会产生人、事分裂的状态，一边是企业不得不承担的责任和风险，另一边却是急流勇退、闲云野鹤的内心和做派，于是纠结、痛苦、无力的状态就会呈现出来，前述的无明状态就会在个人、家庭、组织中蔓延。

人事合一的high点，自然是最有力量的。可是如果没能合上呢？那就需要认真思考企业家的自我定位了。

当然，这两个U型在实践中不会是完全独立的，它一定是人中有事的发现、唤醒和激发，同时也是事中有人的发现、唤醒和激发，两个无形的穿越在底部汇合和聚拢。

人事合一之后的双U从此就是合二为一的向上。

1. 重塑

在新的愿景和使命下，按照新商业觉醒五维度（使命觉醒、企业家精神觉醒、共同体战略觉醒、组织制度觉醒、个体力量觉醒），就可以开始个体和组织的能力重塑，走向成就新旅途。

2. 引领

通过企业家的U型重塑，完成自我的觉知觉行，从而带领企业组织的相关人员也能走出U型，成为事业的追随者、推动者和开创者，实现整个组织生态的集体觉醒，成就事业，成就他人。在更高层级的引领上，以"仁智勇"的力量推动行业、产业的重塑，从而推动社会的进步，让企业的社会性得以更好地实现和彰显。

如何实现"双U穿越"

按照下述架构和逻辑，可开启双U穿越、人事合一的新旅程，并坚实地走向觉醒出发的精彩企业下半场，追求圆满成就的自我人生。

第6章 商业要觉醒

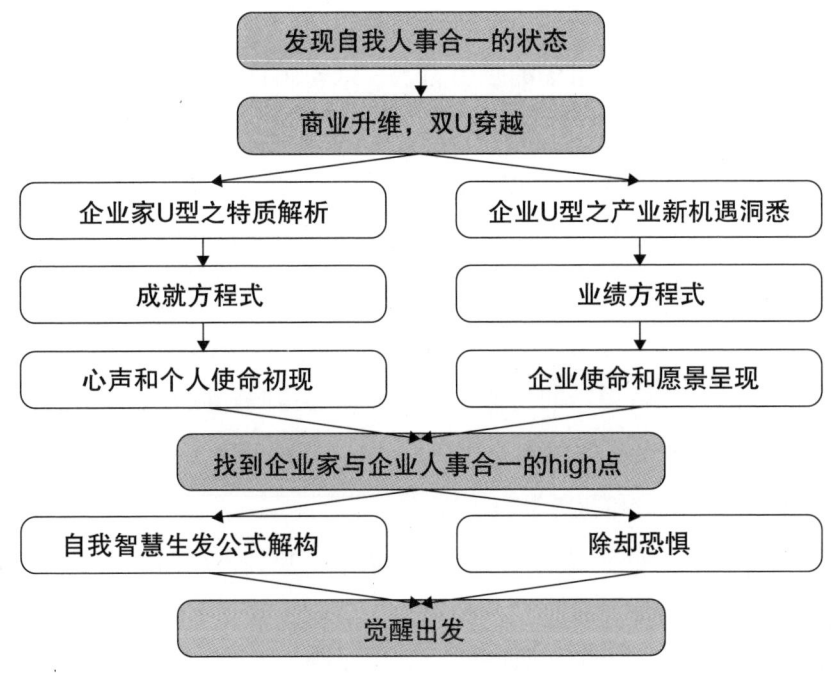

实现"双U穿越"的架构和逻辑

（1）感受人事合一状态。通过对企业家的自我状态、公司事业状态进行纵向评估和横向对比，可发现自己"人事合一"的段位，激发更高和合的愿力与激情。

（2）商业升维。通过解析商业历史演进路径，了天下大势，明白商业升维的重要性和必要性，并通过对双U穿越方法的理解，建构行动的路径。

（3）企业家U型。通过快速测评、自我发展历程解析、群体集体解析和反馈、冥想修习，发现自我特质，特别是支撑自我成功、走向未来的那个穿越力。再结合对成就方程式的初探，从自然规律中感悟大道之简、道法自然的智慧生发模式，叩问自我心声，呈现人生使命。

商业觉醒

（4）企业U型。按照产业机遇洞察模型，沿着产业链的环节、价值链的层级以及客户市场的吸引力，三维勾画自我所在产业的机遇空间，重新定义事业的当下机遇、明天机遇以及未来机遇，让企业的三波战略路径逐步明晰。再运用一剑破天的洞见，以及对业绩公式的深刻理解，叩问自己是否真能树立以社会问题为突破的事业定位和愿景使命。

（5）人事合一。面对事的机遇、人的心声，我们能在两U相交的底部，激发"仁智勇"的三德社会企业家愿力吗？此时的和合，就是走出人无明、事有碍的泥潭的开端，新的high点就会出现，从此明白作为企业家的新使命和新愿景。

（6）解构自我智慧的生发公式。借助冥想和再次回望，审视我们最有创造力的事件和时刻，抽丝剥茧，呈现脉络，书写公式。让创造力不再昙花一现，不再朦朦胧胧，而可复制、可再现。那么智慧的涌现将会伴随我们出发路上的每一时刻。

（7）除却恐惧。成为三德社会企业家的路上，一定会遇到各种挫折、困惑和苦难，没有任何一帆风顺的成就之路。那么建构除却恐惧的模式，也就是要理顺并找到破解的方法，并建立预警机制，让恐惧不再吓倒我们。

（8）觉醒出发。带着使命、带着仁爱、带着智慧，开始坦荡的社会企业家成长之旅。因为我们，孕育商业新物种；因为我们，塑造商业新生态！

本文首发于《商业评论》杂志公众号2018年10月22日，题目《双U穿越，让你"人事合一"，摆脱焦虑》

44

"把话说透，把爱给够"，一家"奇葩"企业

这家公司建造的美式木结构住宅超过了美国标准，把农民工改造为高素质的产业工人；《德胜员工守则》从"手抄本"到出版再到重印29次，甚至被业内人士称为"奇书"和中国企业管理的"圣经"；老板写剧本、拍电影"不务正业"，多年几乎做甩手掌柜；没有总裁办，不设副总裁；财务报销不用领导签字还不出问题。这家公司是德胜（苏州）洋楼有限公司。

带着好奇和探寻之心，我们的私董会"探访特色标杆企业游学活动"走进了德胜总部。

在一天半的探访和学习中，私董会时时处处都能感受到德胜"诚实、勤劳、有爱心、不走捷径"的核心价值观的体现，以及德胜的人性化管理、精细化管理和系统化管理。

德胜企业文化中的"把话说透，把爱给够"，指在制度上把话说透，把"小人"变成君子，注重培养员工严谨的工作作风和良好的个人习惯；在文化上把爱给够，让员工有尊严地获得实惠，给员工绅士待遇，管理者则成为"精神贵族"。

德胜在管理上杜绝高高在上、纸上谈兵的官僚主义，提倡冲锋在前、一专多能。德胜强调管理者如果不坚持一线工作，就会失去发现问

题、解决问题的能力，各级管理者每个月都要到一线去代岗。在这里，劳动是一件光荣的事，德胜体系对管理者和员工一视同仁，提倡带着爱去工作。

探访期间，私董会与德胜总裁聂圣哲先生面对面交流，学习与解读其独特的企业文化和先进的管理之道。

企业需要什么样的发展观

见到聂圣哲先生，大家都被他的热情、爽朗感染，同时折服于他对细节孜孜以求到"变态"程度的精神。

聂先生说，自己从半年前接触"商业觉醒"就在反复思考，我们一直在力图挣脱原来的枷锁，但是又会慢慢被套上新的枷锁，因为我们还没有学会解放自我。做企业也是如此，有的人企业做得非常好，把企业规模做得非常大，但是也做得非常累，因为其中很多辛苦都是自找的，很多时候我们手里握着一大把幸福，但是还要寻找新的幸福，大多数人很难驻守已经拥有的幸福。

很多人做企业的时候都是将"强"和"大"联系在一起，但是德胜做企业决不会盲目追求"强大"。德胜是不是不要发展呢？企业肯定是需要发展的，但是发展需要建立在力所能及的基础上，要学会掌握主动权。如果盲目地追求"强大"，就容易陷入"虚胖""弱大"的境地。

说到"商业觉醒"时，聂先生认为我们市场的人口红利已经逐渐消失，人工成本不断增加。"商业觉醒"是非常重要的，并且"觉醒"是全方位的，包括企业发展建设的定位、企业规模的定位、企业方向定位等。

到底什么样的企业是好企业

一般人会把公司利润作为一项重要指标。德胜的市场占有率在行业中达到70%，但是它把每年的销售利润率控制在20%左右，因为聂先生认为，"超过25%就意味着暴利，就是对消费者不尊重"。

2015年，聂先生的一个朋友推荐其投资股票赚钱。当时，聂先生分析了股票投资的三种结果：一就是血本无归；二是赚回成本；三是赚得一笔巨款。聂先生认为最差的结果是依靠炒股赚得巨款。因为公司的员工认为聂先生可以依靠这种方式赚钱，大家也可以去寻找这种赚钱机会，也就没有人肯踏踏实实工作了。

德胜没有用这种投机取巧的方式赚钱，否则丢掉的是人心，丢失的是"工匠精神"。企业家一定要知道应该做什么，不应该做什么。德胜从来不做不可验证的事情，始终努力打造稳定、安全、公平、公正的工作环境，除了"五险一金"外，德胜还为每位员工购买了商业保险。

德胜员工长期受德胜文化的熏陶都变得非常平和，德胜不搞绩效工资，因为绩效考核可能让员工不择手段；德胜也不搞股权激励，因为新员工无法享受这种待遇。德胜员工工龄都非常长，60%以上的员工工龄都超过10年，但工资并不是非常高。为什么德胜员工能在德胜工作这么长时间呢？

因为他们相信企业不会不管他们。聂先生认为"商业觉醒"不能仅仅依靠企业家个人"觉醒"，必须是企业中的大部分员工能够"觉醒"，能够懂得什么是财富，什么是过眼烟云，能够懂得不贪婪、不攀比。德胜鼓励员工考驾照，但是聂先生一开始就告诉员工，可以买二手车，不要攀比谁的车比较好，不要在糊涂的路上前进。

德胜要做一家真实的公司，把"诚实"放在价值观的第一位。聂先生说，德胜没有这样那样的办公室，没有办公室主任，因为很多办公室主任只对领导负责。德胜除了财务部门，其他部门都实行轮岗制，所以任何时候任何人辞职都不会让公司处于被动。

另外，德胜每年会给员工发大量奖金，并且是现金。因为聂先生要让员工知道奖金是沉甸甸的。在聂先生看来，很多在国外读书的孩子从来不认为他们从银行取的钱是父母的，觉得那是ATM机里面的钱，这就是糊涂。

从2000年开始，德胜员工的费用报销都不需要审批，就算是秋冬换季去外地出差买羽绒服的钱都可以到公司直接报销。因为德胜有一个原则，就是绝不让员工在工作当中受损，不让公司占员工便宜，一定要让员工光明正大、合理合法地占公司便宜。在聂先生看来，德胜不能让员工升官，也不能给员工带来荣誉，只能带着员工发点小财。人不能把账算得太精明，否则就没有人与你打交道了。

那么，如何把握这个度？从1997年到现在，德胜员工每天就餐的费用是6元，员工的消费是比较低的。但是税务局非常奇怪为什么德胜要买那么多的猪肉和鸡肉，后来发现都是公司食堂用的。税务局领导看德胜对员工这么好，就说这些都可以计入成本。另外，德胜有些员工请不起保姆接送孩子，德胜为此召开了听证会，就"是否让双职工在下午3点去学校接孩子"的事情进行讨论，但是两次都没有通过。因为有员工说，如果公司这样做就没有公司的样子，一旦公司倒闭了，以后还能去哪儿享受现在的福利？

所以，聂先生认为，当企业把平台做得非常公平时，要相信员工在一些事情上会做出合适的选择。不能因为某一个人无底线，让全体人员受罚，一定要让员工知道在这家公司工作可以得到的好处，但是这个好处一定要光明正大，不能在暗处。德胜也从中总结出企业管理的经验，以及不同人的不同特点。

德胜成立20多年，现在面临着人员老龄化的问题，但是德胜给员工办理了养老保证金，这不仅仅是照顾老员工，同时也是给员工的一种激励，告诉他们公司是对他们负责的。

聂先生还说，德胜必须在现有项目还不错的基础上，再做一些项目，例如电商辅助公司等，这样才能保证员工有比较富足的收入，生活得更好。

管理始终与教育联系在一起

"企业家想要长远发展，就必须'觉醒'。我们'觉醒'还要带动每个员工'觉醒'，让每个员工都知道'觉醒'对他是好的，这需要一点一点引导、训练。所以管理的真谛一定是教育，就是施教者依靠毅力不厌其烦地重复，让受教育者一点点、甚至是打折扣接受。

"员工之所以如此平和，正是因为德胜的管理始终与教育联系在一起，始终在解开员工的疙瘩，始终在警惕'狼文化'。并且我们告诉员工，既然来到这个世界，只要做好应该做好的事情，就不怕没有立足之地。德胜只有20多位管理者，最好的时候有2亿多元的年收入，德胜的成功就是因为有非常好的管理环节。"聂先生说道。

商业该如何"觉醒"

聂先生认为商业觉醒重视"向善"和"向上"，只有做到"向善"，才能做到"向上"。在他看来，"向善"不仅是对员工的"善"，还有对客户的"善"，这体现在以下几点。

（1）要对客户好。因为客户信任你才会买你的产品，如果对最信任你的人都不好，企业家的本职工作就没有做好，因此首先需要把产品质量做好。

（2）要对员工好。因为员工不管是在企业发达时，还是在企业落魄时，都对企业不离不弃，所以要对得起员工，让他们有保障、有安全感。

（3）如果还有些余力，就可以对熟悉的弱势者好，比如慈善捐助。

聂先生认为，很多企业通常会出现一个问题，就是董事长与公司元老沟通有困难。面对这个问题，董事长要经常"金蝉脱壳"。很多有20多年历史的老企业会有一批元老，对这些元老一定要"杯酒释兵权"，工资、奖金照发，但是不给他们权力。例如，德胜有总经理，但是没有副总。不设副总不是怕副总多拿工资，而是副总会为"刷存在感"做出对公司不利的事情。经营公司就是要让一位天才带领一群认同他的人，这样才能让大家各司其职、健康成长。不要亏待、伤害企业元老，要让他们安度晚年，同时要重新塑造有活力的组织。

德胜一直采用学历最低配置原则。如果一个岗位初中生能胜任，就不用大专生，大专生的胜任，就不用本科生。

聂先生认为："学历最低配置原则对于制造企业是个真理，只要员工能够照葫芦画瓢，就千万不要让他再提出什么其他想法。这样就能保证企业的稳定、平安。但是对于互联网行业，还是要配置高学历的团队，让更加专业的人帮助企业解决难题。解决问题还是靠专才，而核心人才可遇不可求。"

德胜如何做产品

在说到产品问题时，聂先生谈到了以下几点。

（1）德胜的成功是有基础的，因为德胜的木工传承了前人的木工基本功，没有基本功的人电锯都拿不稳。德胜有一批非常好的工匠，德胜办的学校培养出了全国甚至全世界的木工比赛冠军，德胜产品的质量经得起最严格标准的检验。

（2）我们要扪心自问，如果德胜的营业额增加了3倍，员工工资是否要增加3倍？这对我们来说可能就是个问题，因为营业额增加3倍可能就意味着员工的劳动量增加了3倍。所以，经营企业首先要活得好，然后在一个曲线上选择最佳点，不能一味地追求强大、追求完美、追求舒坦、追求游刃有余，而是"善"中有"上"，"上"中有"善"，两者相互包含。当企业在发展中出现盲点时，要注意抓住核心产品，把它做好。

（3）很多人感叹人生短暂，但是人生并不短暂，只是觉悟得太迟。我们这一生如果将幸福、快乐与能够做的一点点小事结合在一起，就会更加有意义。

商业觉醒私董会探访感悟

德胜是一家把爱和产品都做到极致的公司。德胜的成功不是偶然的，它源自其朴素的价值观，凝聚了聂圣哲先生的大爱和智慧，也凝聚了"工匠精神"和"中国精造"的力量。德胜的成功有些可以复制，有些则无法复制。

德胜对企业经营管理的重要启示如下。

（1）市场选择。德胜在企业战略中对市场进行了精准的划分，选择了拥有自主定价权的稳定的细分市场，只服务少部分人。

（2）产品极致。德胜产品极具个性化，从结构、制作工艺再到选用材料，最大限度地将产品标准化制作完成，每个细节无不透露出极致。

（3）人性化管理。德胜在最不可控的人员管理上，将农民工训练为高素质产业工人，使其通过工作获得更高的尊严感。德胜要求员工做君子，最明显的例子是财务报销制度——员工报销任何费用，都不需要领导签字。在德胜看来，费用报销事关个人信用，个人信用问题应当让员工个人承担。

（4）践行"向善"才能"向上"的"商业觉醒"理念。要对身边的人好，无论是对客户还是对员工都是如此。德胜将工龄达10年的员工视为终身员工，永不开除。德胜放寒暑假，一次休假21天。

（5）用最低的管理成本，维持最高的标准。德胜，拥有精简高效的组织结构，管理成本很低。

（6）始终坚守依据自身能力开展整体经营的原则。德胜坚持"小而美"，始终坚持5∶1的比例承接订单。这家"知足""知耻"的公司，在自己的小世界里快乐地运转，不慌不忙，诚实做事，琢磨着人性和管理的互动，自然而然成了一家高尚的公司。

本文首发于《企业管理》杂志2019年7月刊，题目《"把话说透，把爱给够"，这家企业够"奇葩"》

第7章 心性领导

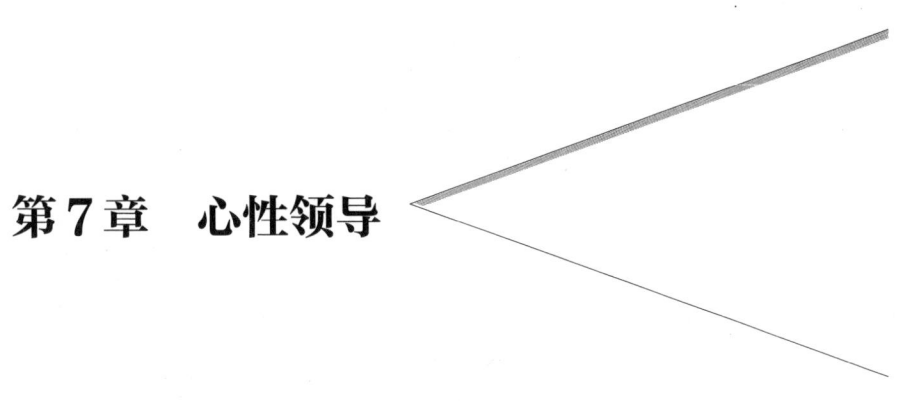

45

读懂人性就此一招

人性，从未像今天这样被彰显过。营销从产品走到今天的人文精神3.0时代，销售极力推崇玩转情商，商业的本质回归到对人性的理解，管理的本质在于激发人的善意和潜能……有关商业和管理的种种，都不约而同地归结到"人本"的逻辑上来了。

以社会学和经济学的视角讨论人性，是社会学和经济学家们的工作。与员工、客户和合作伙伴打交道，却十分现实，企业家和管理者们躲也躲不过，每天都要实打实地面对。有的人很快能读懂对方，展开愉快的合作；有的人则要通过长时间的碰撞与磨合才能走向和谐，因此不免错失很多宝贵的时间和机会；更有甚者，干脆是水火不容，最终一拍两散。有没有什么规律与方法，让我们可以快速提升"读懂人"的能力呢？

逻辑：读懂人，从探究行为开始

人是被思想驱动的，如果探究到对方的真实所想，彼此的沟通和相处就容易得多了。于是很多人就试图挖掘对方的思想，甚至要改变对方的思想，从而达到读懂并影响对方的目的。但现实经常与愿望相违。心理学家早就给了我们答案，美国行为主义心理学创始人约翰·布罗德斯·华生坚定地认为，人们根本没法搞清他人内心所想，因此应该将注意力转向集中于对行为的观察和衡量。

行为该如何被观察和衡量？美国心理学之父威廉·詹姆斯认为，所有人的生活都有其明确的形态，这些形态由各种各样的习惯构成，每个人所展现的习惯变成了我们打开其内心世界的重要线索和突破口。

各种各样的习惯驱动着我们的日常生活，究竟该从哪里入手才能取得事半功倍的识人效果呢？基于大量阅读心理学家的专著，曾经作为领导者的实践经历，加之担任企业教练的广泛接触与研究心得，我提出以下行为模型，供大家洞察自己和理解对方，发现每个人独特的DNA和天赋优势。

方法：行为模型，读人的方法论

下面的模型展示了一个职场人士的行为视图，也给出了探究其行为的维度和路径。

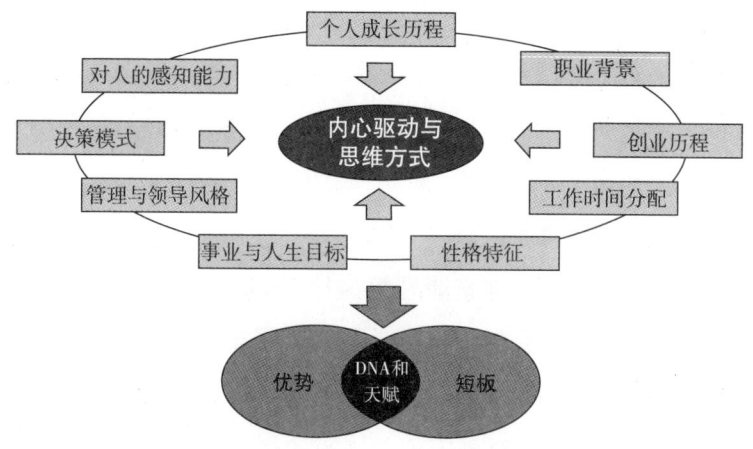

职场人士行为视图

1. 个人成长历程

指一个人成长和受教育的背景，包括其成长的家庭与生活环境。这是了解一个人之所以成为今天这个样子的最重要的线索，是特别需要花精力和时间去探究的。以此为出发点，我曾帮助很多人找到了自己个性的源起。比如，地主家庭出身并经历过父辈被批斗的企业家，在成功后普遍表现出两种性格的分裂：自卑与要强。原因是长辈在众目睽睽下被批斗和毒打，家庭被蔑视与孤立，让他们幼小的自尊心感到极度挫败。另一方面，雪耻和崛起的重任，又让他们极度刚强与坚韧。再比如，从小就是孩子王的人成为企业家或领袖的概率要大很多，而乖孩子的概率就相对小很多。

2. 职业背景和创业历程

不同的职业背景在一个人的成长轨迹上也留下了极深的痕迹。比如，长期在大公司稳定工作的员工换到高风险或高压力的创业环境中，大多很难坚持到日出光明之时。相反，一个屡次创业的人，也是很难甘心做打工者。对一个企业家的观察，还要特别去理解其创业的背景和历程，这有助于更深刻地洞察其商业DNA。你会发现，他们之中有人很善于捕捉趋势和商业机会，有人是营销高手，有人是技术大拿，还有人具有创意和设计天赋。一个创业企业的历程，很大程度上就是其创始人个性的真实展现。

将一个人彻底读懂，你就能理解为什么他的行为有时是这样的，有时又是那样的，为什么有的事情在他那里就是得不到重视，而有的事情他又是如此痴迷。再通过系统解析，你就能清晰地给他画像——优势，劣势，以及独特的DNA，对其定位与未来的规划也就能更有针对性与激励性，这就符合了德鲁克所讲的"管理的本质就是激发善意和潜能"。

3. 工作时间分配

时间在哪里，精力就在哪里；精力在哪里，产出就在哪里。通过了解一个人的时间分配，就能基本分辨出他的兴趣所在和真实的关注点。

4. 性格特征

性格特征可表现为一个人待人处事时所表现出来的认识和判断方式。在这方面心理学家与专业人才测评机构开发了很多理论、模型和工具，其中应用最广泛的要数MBTI职业性格测试。它是美国心理学家凯瑟琳·布里格斯和伊莎贝尔·布里格斯·迈尔斯母女基于瑞士心理学家荣格的心理类型理论开发出来的。MBTI是一种迫选型、自我报告式的性格评估理论模型，用以衡量和描述人们在获取信息、做出决策、对待生活等方面的心理活动规律和性格类型。据统计，世界前100强公司中有89%引入了MBTI，用于员工和管理层的自我发展、提升组织绩效等各个领域。通过MBTI模型，性格和职业之间的联系得到了比较清晰的阐释。

5. 对人的感知能力

对人的感知能力即情商。1998年丹尼尔·戈尔曼在《哈佛商业评论》发表了《是什么造就了领导者》，他指出，当计算专业技能、智商（IQ）和情商（EQ）各自对出色绩效的贡献率时发现，情商的贡献率至少是其他两项的两倍，而且无论在哪个工作层面上，这个结论都成立。在公司的职位越高，情商的作用越重要，因为在这个层面上专业技能的差异已经无足轻重。优秀的高级管理者有将近90%的竞争力要素可以归结为情商，而不是纯粹的认知能力。所以，可口可乐、麦当劳等众多世界500强企业专门采用了一套测试模板以了解员工的情商，并帮助员工了解和提高自己的情商。

6. 领导风格

这是了解一个领导者或管理者行为模式的最好方法。从先锋式、权威式，到指令式、和睦式，再到民主式和教练式，可以很清晰地看出一个人在领导团队时是基于人还是事，是基于现实的结果还是基于对未来的投入。

7. 决策模式

决策模式即一个人在做出决策时的思维与行为方式。罗伯特·博尔顿和多萝西·格鲁沃·博尔顿在《职场型人》一书中提出了职场型人的16种类型，很好地描述了人在正常、压力和极端情况下的决策表现。诺贝尔经济学奖获得者丹尼尔·卡内曼在其专著《思考，快与慢》中，从心理学的角度更加系统地解释了一个决策在大脑中是如何形成的。

8. 事业与人生目标

这将直接反映一个人的追求与目标，更会影响一个人行为的方向与持久力。

9. 内心驱动与思维方式

这是两个维度的行为探究问题。内心驱动反映的是一个人遇到挫折的抗击打能力以及从低谷反弹与崛起的能力，本身属于情商的一部分。之所以将内心驱动单独拿出来探究，因为它是行为分析中关于意志力与习惯的非常重要的形成因素。思维方式归根结底说的是一个人在商业世界和人际关系中是利他还是利己的行为驱动，它将根本决定一个人的境界与格局，也最终影响其智慧的高低。

上述九个方面的行为观察与探究，可以至此，无论是对自己还是他人，读懂人的绝招只此一式——从行为出发！

→ 进入"商业觉醒大学"公众号"企业CT"栏目，开始"基础性格MBTI"测试

本文首发于《商业评论》杂志2016年2月刊，题目《读懂人性就此一招》

46

你有自己的人生画卷吗

人生画轴，认识自我的最好工具

2015年是电子商务蓬勃发展的一年，一大批新新人类走上了历史舞台，对传统产业、传统模式、传统思维发起了冲击。

他们声称要颠覆一切，包括像IBM这样的老牌大公司。应景的是，当时的IBM在云计算和大数据这样的技术浪潮下确实反应迟缓。颠覆IBM，言外之意也要颠覆我这样具有IBM思维的人。想到自己就要被新一代淘汰，我内心的焦虑感陡然而生。

于是我采取了自救行动：先后飞往日本、美国看看外部世界究竟发生了什么深刻变化，然后还计划去以色列、德国考察学习……计划一个接着一个。

当全球游学计划完成一半的时候，我突然意识到这样的外求和知识上的弥补似乎改变不了自己什么。新科学、新技术好像也不用我学会，这让新新人类去干就是了。这么一想，悬着的心开始定下来。但究竟该如何看待自己，如何找到自己走向未来的力量，却始终萦绕心头，挥之不去。

直到有一天，我突然意识到，放弃外求，回到内心，"我"才是这一切的答案。对这个答案的找寻，可以通过"人生画卷"，从自己的成长历程中发掘。

1. 呈现

我找来纸笔，铺开一幅长卷，画上一个坐标系。横坐标以自己有记忆的年龄开始，回想在每个关键年龄节点发生了什么重要事件，然后在纵坐标上标注这个事件在当时的满意程度，正向为0～100，负向为0～-100。

在每一个事件上，如果是正向满意，则回想当时做对了什么，表现出什么优势；如果是负向的，也回想当时做错了什么，表现出什么劣势。这样沿着人生成长的历程，一段一段回忆、复盘，并用图表和文字重现，鲜活的自我成长历程就会跃然画上。

一版一版修正，一遍一遍自我对话，直至有一天面对"人生画卷"上的自我，我潸然泪下，原来自己的人生是如此波澜壮阔、与众不同：有成功的高点，也有挫折的低谷；有快乐的笑声，也有痛苦的泪水。但它真实，完全就是自我生命的再现。

2. 归因

接下来我对自己迄今为止的人生进行深刻归因，并以标签或短语精准表达。

归因包括以下几方面。

（1）成功特质。在人生上半场，究竟展现了哪些成功特质？

（2）成功归因。这些成功中，究竟做对了什么？

（3）失败解析。失败是什么原因造成的？

（4）整体归因。所有上半场成功或失败的表面原因是什么？深层次的原因是什么？

至此，自我"人生画卷"1.0版本诞生了。我手捧这样的人生画卷，看到了自己的特质，更看到了那个独特的自我，由此发现这个世界淘汰不了自己，除非自我麻痹。

3. 解析

人最陌生的往往不是别人，而是自己。更好地认知自己——从过往成长历程中挖掘更加真实的自我，也即外部视角下的真我，借助他人的反馈，可获得一面更加明亮的镜子。

"乔哈里沟通视窗"就给了我们一个很好的框架：你将隐私部分对他人披露得越多，他人针对你的自我认知盲点，给予的反馈就会越深刻，自然你的潜能挖掘也就会越深入。

所以在完成"人生画卷"1.0版本之后，寻求团队反馈就是更进一步的解析。

将自己的成长历程，按人生画卷的脉络和自我解析的结果讲解给熟知你的团队，然后寻求反馈。真诚而谦逊地倾听、接纳，怀感恩之心，你敞开的心扉有多大，收获就有多大。越是尖刻和激烈的意见，常常越是盲点最深和自我深入解析的下手之处。

自此，自我探究通过集体解析，就可以呈现"人生画卷"2.0版本，更多的维度也就会充实进来。

1. 盲点

盲点往往是自己最不容易觉察的特质，它可能是优势或劣势，抑或仅仅就是一个特质，更或是一个巨大的自我认知误区。

2. 真相

对团队反馈之下的自我认知，只有自我接纳的东西，才会在我们心中产生影响，进而产生改变的意愿和力量。

找到自我奔向未来的力量

1. 习性挖掘

从"人生画卷"可以清晰地看到：人生经历高高低低、起起伏伏，我们往往会欣喜于低谷反弹——看，从多少个低点中我们又重新走出来，达到了新的高度。

但我们更应进一步问自己：为什么从高点又掉到了低点？这背后又是什么原因？如果这个归因不彻底，我们付出千百倍努力登上了下一个高点，还会因为莫名的惯性掉下来，然后进入新的循环。这恰恰就是我们的盲点。

这个归因，实质上是对"习性"（即习惯性的思维和行为模式）的挖掘。我前述经历中所显现的应急反应，就是"习性"使然，如果不停下来开始这一轮轮人生画卷的自我认识之旅，大概率又会回到老路上。

但挖掘我们身上的"习性"并非易事，人们很容易陷入惯性思维之中而得不到真相。人要真要回答哲学三问：我是谁？我从哪里来？我要到哪里去？必须从心上下功夫，而这往往是个慢功夫，不要指望一蹴而就。

借由冥想、禅修等方式，往往是事半功倍之举。在"修行"中，会不断有渐悟惊喜。慢慢地，终有一天你会幡然醒悟，发现属于自我的"穿越力"。

2. "穿越"人生

所谓"穿越力"，就是引领自己走向未来的独特力量。它或是你成长历程中所验证和展现的特质，或是盲点突破和"习性"破除的自我张力。这个"穿越力"，往往是超越自我，走向成就他人的——就如同马斯洛描述的第六层级（超越自我）的人生实现——真正达到人生圆满的源泉和力量所在。

至此，人生的使命和意义会自然呈现，人生三问的终极答案也会跃然眼前，"人生画卷"就会达到最高的3.0版本。

科技正推动社会以更快的速度前行。在追赶的路上，我们更应该"慢"下来，让灵魂跟上前进的脚步。找寻自我的本真，发掘自身的"穿越力"，明确人生的使命和意义，才是真正让自己不被时代淘汰的根本所在。

"人生画卷"是展开内心对话的最好工具，也是心力挖掘的开端。你的成长历程中，真的隐含着巨大宝藏，现在就开始挖掘吧。

→ 进入"商业觉醒大学"公众号"企业CT"栏目，开始"成长画轴"评估

本文首发于《企业管理》杂志2019年12月刊，题目《从成长历程中挖掘人生宝藏》

商业觉醒

47

企业需要长跑人才还是短跑健将

　　一月的岭南，四处依然透着绿意，穿件薄薄的外衣已足以抵御冬日的寒意，不像北京的寒风，那么刺骨还裹着一股"霾态"，让人总有抽身逃离的冲动。中山市小榄镇，一个进入中国综合实力百强镇前30名的小城，就这样迎来了我们私董会的两家案主企业，一家是传统的制造企业，一家是互联网企业。一天的圆桌会议，进行了两个迥然不同的案例分享。

　　会议结束后，我啃着打包的食品一路飞奔赶往机场，忙乱地办登机牌、交运行李、安检、登机，可脑海里总有两个场景若隐若现：百米短跑与马拉松长跑。终于坐下来，在脑子里复盘白天的两个案例。两位不同的企业家，一位是从业40余年的老陈，执着于一个利基市场，凭着信念、毅力与近乎严苛的专注耕耘，硬是将红海制造业中的企业带入一片蓝海，还因此成为该细分市场的绝对小而美的隐形冠军。另一位企业家小曹，年轻，有目标，赶上了互联网大潮，经营着互联网业务，令人眼热地站上了风口，借助风投与互联网模式，开始了"猪要飞天"的游戏。怀揣"成为行业第一"的个人梦想，面对行业"只有第一才能生存"的竞争压力，以及企业核心竞争力不突出的现实，小曹不假思索地开启了极速短跑的经营模式。

对啊，这就是那个萦绕在我脑海的主题：企业的长跑和短跑。

企业到底该长跑还是短跑

百米短跑，对步频、步幅、速度、速度能力、爆发力，以及肌肉、关节的柔韧性和协调性，还有运动员的心理素质和技术水平等每个环节都要求极高，并要求不能有一个动作的失误，而且要比对手更专业。长跑靠的是耐力和毅力，偶尔走走弯路、歇歇脚、中间补给加点油、犯点小错都不是大问题。柳传志在他70岁时写给联想员工的信中说，"创业三十年中，我们有过无数次要死要活的坎儿，其中有的是早年间国家计划经济的体制带来的大麻烦，有的是我们战略决策错误造成的苦果，这里面有大量的难以忘怀的痛苦。"

伟大是熬出来的，但凡真正以做事业为使命的企业，都会选择长跑式发展模式。我们可以有特殊时期的短跑发展，但长跑才是事业的主旋律。只有坚持企业的长跑，你才会花精力去倾听客户和关注他们的需求；你才会专注于极致产品的打磨；你才会专注公司核心能力的建设；你才会投资于团队的成长；你才会在寒冬时选择储备现金活下去而不是逆势而为；你也才会放弃资本追逐的游戏而坚守自己的事业宗旨；当然你也才会给作为企业家的自己以喘息、休整与提升的时间和空间。

非常赞同任正非说的，"什么是成功？是像日本那些企业一样，经九死一生还能好好地活着，这才是真正的成功，华为没有成功，只是在成长。"

从短跑转到长跑的核心驱动力是什么

那么，我们将依靠什么来支撑长期成长，拒绝短暂的精彩呢？

商业觉醒

"世界上一切资源都可能枯竭，只有一种资源可以生生不息，那就是文化"，华为始终坚持"以客户为中心，以奋斗者为本，长期坚持艰苦奋斗"的核心价值观，统领着15万知识分子，去奔跑，去战斗，去成长。所以只有当我们拥有了崇高的使命感，并且是一个指引与激励公司团队的共同使命与价值观时，大家才会迸发追求更大和更远目标的动力，在遇到困难时也才会拥有充分的自信和对信仰那般虔诚的坚持。在取得阶段成就时，我们庆祝，但不忘自我驱策。在这样的"自信与自我反思的强力组合"下，才能铸就"有毅力、能坚持"的团队特性，企业长跑的局面才能形成。

企业的长跑人才与短跑健将

看田径赛场，短跑名将个个熠熠生辉，刘易斯、约翰逊、格林、鲍威尔、盖伊、博尔特……举不胜举，而且个个身价不菲。可长跑名将我们能记住几个？同样，面对日趋恶劣的企业经营环境与惨烈的市场竞争，企业迫切需要绩效，需要成长，自然而然大家就会将目光聚焦于那些攻城拔寨的能人与健将身上。回看与我们一起创业、相伴成长的团队，相比之下大都成了"丑小鸭"。于是追求短跑的企业就开始大量外求"健将"，留给创始团队的机会与位置也就越来越少，结果是"老人"们渐渐黯然退出了公司的平台。但企业一路疾跑，却发现企业经营与成长实际上是一个没有终点、始终伴随困难的艰难旅程，这时你意识到"你想远行，但无人与你同伴"。所以，要成就常青基业，企业还要将眼光与机会多投向那些潜在的长跑人才，他们与你有相同的使命感和价值观，有忠诚度，乐于付出，渴望学习与成长，也许他们现时能力稍嫌欠缺，但这样的人才有可能真正成为"A级"人才，华为今天的中坚力量大都是当初自己培养的大学毕业生。

第 7 章 心性领导

回看开篇提到的老陈：创业17后，当初的32人创业团队，今天竟然还有22人坚守在企业，600人的公司中，有100多位是超过10年司龄的，所以当他讨论新的业务机会时，你明显能感受到他的团队基本面是非常齐整的，一旦做出最终决定，他储备的长跑人才一下就能顶上去，如此，老陈的企业开始一段新业务的短跑冲刺，何惧之有？

本文首发于《商业评论》杂志2015年3月刊，题目《企业的短跑与长跑》

商业觉醒

48

创始人，别把总裁当摆设

今天的私董会很是热闹，因为同台出现了两位主角儿，一位是创始人兼董事长先生，一位是总经理女士，这种场景在过去的私董会中还真不多见。说热闹，是因为圆桌边还有几对——董事长先生和总经理先生、董事长女士和总经理先生。瞧这搭配，分明是要搞事情嘛！没错，今天搞的是董事长和总经理如何高效协作的私董案例会。

案例会如火如荼地进行，一会儿总经理出场，陈述、接受提问、作答。然后被教练喊停，请董事长出来作答。一会儿轮到董事长接受提问，作答。有时同一问题要求两人分别作答，有时还要求总经理向董事长提问，董事长必须如实回答。当然，董事长也可以向总经理发问。再看台下的董事长与总经理们，也是如此"捉对厮杀"。真佩服咱们的教练，简直就是导演，把所有人都带入戏中，而且入戏很深。

我作为导师和旁观者，随着"剧情的深入"，脑中突然冒出一个问题：我们讨论的是董事长和总经理如何协作，可如何判断一个企业是否真的需要董事长和总经理分设，变成两个角色、两个主体呢？我们都知道，绝大多数创业公司都是因袭创始人的强烈创业愿望与坚强的践行能力而开始创业历程。创始人率领几个弟兄，开创企业，一路打拼，将公司引领到一定的规模，大多数公司本身就没有区分董事长和

第 7 章 心性领导

总经理,都是创始人一肩挑了。也正是因为一人演两个角色,公司的决策系统与指挥系统高度统一,才取得显著的效率。就像今天的娃哈哈集团,规模如此庞大仍保持着董事长和总经理一人兼的架构。华为也是前几年才启动了联席CEO的企业制度。

一个好问题常能打开另一扇窗,就如同我们曾经的一场私董会,案主董事长提请全体企业家董事帮助对其设计生产的木制别墅如何突破销售出谋划策,当很多董事都围绕这个命题作答时,一位董事突然反问案例董事:作为目标定位之一的老板本人,你会购买和居住自己造的别墅吗?案例董事长想都没想就答道:"不会!"如此这般,还用得着再提问、再征询建议吗?答案已经在他自己的回答中了。

那么,企业到底需不需要聘请总裁?在什么条件下需要聘请总裁?下图展示决定是否需要聘请总裁的三个前提条件。

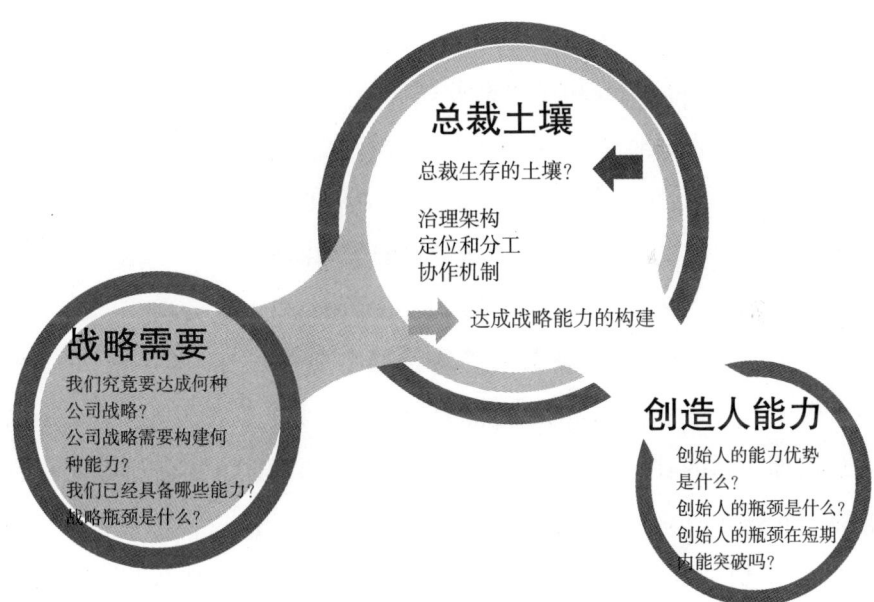

是否需要聘请总裁的三个前提条件

前提一：公司战略需要

董事长在决定聘请总裁前，在战略层面首先要回答以下三个问题。

第一，我们的组织究竟要达成何种公司战略？

第二，公司战略需要构建何种能力？

第三，我们的组织已经具备了哪些能力？战略的瓶颈能力是什么？

这三个问题将直接界定组织的目标以及达成目标的组织能力要求，"企业成功=战略×组织能力"公式就是经典的表述。我们寻求总裁的目的就是在确定的公司战略目标下，基于人才能力的扩展来强化组织能力的建设，以实现组织的成功，所以，总裁是为战略需要而设的。当然，成熟企业自然会分设董事长和总裁，不在今天讨论的范畴，我们更多还是站在成长性企业的视角讨论这个问题。

如果我们的组织方向根本不清晰，而且董事长本人也不再具备看清方向的能力了，怎么办？这时董事长可能就要认真思考是否应该退位并另外聘请董事长了呢？如果是一名对组织负责的董事长，这时退位做个股东或者分管公司某一部分往往是明智之举。比如视源科技公司，它的创始人就坚持认为7名开创者都不适合做董事长和总经理，所以公司的董事长和总经理是后续被培养出来的，核心创始人孙总只负责人力资源和研发，这是一个非常经典的公司治理案例。

前提二：董事长能力瓶颈

相对于前提一中明确的战略能力要求，接下来要看董事长和总经理岗位层面（这时往往是创始人一人）的能力匹配程度如何，因此要回答以下问题。

（1）相对于战略能力要求，创始人的能力优势是什么？这个优势与战略能力必须匹配吗？

（2）创始人的瓶颈是什么？这个瓶颈是否会制约战略？

（3）创始人的战略制约瓶颈可否在短期内弥补？

对以上问题的回答，如果第一个是完全匹配，或者第二个是否定，或者第三个是肯定，那么从战略上讲，就没必要聘请总裁，毕竟董事长和总裁融于一身是最高效的组织运营架构，除非想锻炼接班人（接班人与现任总裁的年龄差距至少要在10岁以上，这样才更合理）。

前提三：总裁土壤

如果前提二的回答是需要聘请总裁，那么前提三就是要具备总裁土壤。总裁土壤，就是让总裁有在组织存活下去的氛围和机制。总裁定位不同——执行者、危机处理者、解决问题者、战略转型者、接班人——培育他们的土壤也完全不同，这是董事长要特别予以关注的。今天大多数有一定规模的企业创始人都走到了聘请总裁的时点，但真正具备总裁土壤的企业少之又少。创始人披荆斩棘，对企业发展的一砖一瓦、一草一木倾注了全部心力，他们恨不能将企业当作第二生命，这样的人有几个能放下控制、让出舞台？我自己的两次总裁经历就是印证，可以说，我们的职业总裁之路任重道远，企业的领导人传承更是如履薄冰。

本文要特别提及以下几点。

（1）治理架构。董事长与总裁之间的关系，采用董事会领导下的总裁负责制，让董事会面对总裁的执行团队，应该是一个比较好的治理结构。这样会避免董事长与总裁一对一"单挑"的局面，两个有能力有个性的人共事，冲突总是难免的，为了不走向破裂，必须从治理结构上有所考虑和设计。

（2）定位和分工。董事长与总裁的定位和分工一定要区隔开，不能过度重叠，否则总裁的空间将被挤占，其生存土壤也会根本丧失。

（3）协作机制。用使命来引领，用修为去包容，用成果来检验，用情感连接，最终成为同路人，最好从内部培养和选拔总裁，这是成功率最高的途径，因为双方成长的土壤天然相同。

当私董会进行到这里的时候，尽管是不期而遇的临危受命，但总经理女士确实是在公司战略扩展期需要扩展能力时到任的，她本人不仅有超强的市场开拓能力，还有超强的学习力和系统执行力。董事长先生放马由缰的行业机遇探索力、传统文化忘我学习力和实践的企业文化构建力、一颗质朴又至诚的心，基本从"战略需要"与"创始人能力"匹配的角度诠释了总裁的必要性。更为重要的是，这位总经理女士是随企业11年逐步成长起来的，董事长先生甚至还表达了"让总经理成功远比业务成长还重要"的心声，如此看来，这位董事长与这位总经理女士，你们的前提已具备了，奔跑吧！

本文首发于《商业评论》杂志2017年9月刊，题目《创始人，别把总裁当摆设》

第 7 章 心性领导

49

你找的总裁对路吗

张总草根创业20多年，公司做到了近20亿元的规模，在行业里小有名气。随着外部市场和经济环境的改变，张总的企业开始迎来转型升级的战略转折期。然而，岁月不饶人，张老板年近六十，身体明显跟不上企业发展的步伐了，独子坚决不愿接班，留学归来在一家投行公司干得热火朝天。

张总再次萌生找个总裁的想法。这可不是他第一次找总裁，前两次都以失败告终，每一任都没有干满一年，而且还在企业还落下笑柄：谁来谁失败！

因为两次失败的教训，加之我也曾两度受聘赴任总裁，所以张总约我，想以朋友的身份听听我的意见。春日品茗，一谈就是半天，最后我即兴创作，画了一幅经营者如何猎聘总裁的逻辑框架图，现呈现出来给正在或即将寻找总裁的企业家借鉴。

猎聘总裁的逻辑框架

要点一：明确寻找总裁的目的

你期望的总裁是一名纯粹的执行者，还是希望他就某个具体问题进行危机处理，抑或你寻找的是一名战略转型者，甚至是真正的接班人？对总裁的定位不同，寻找的对象、能力要求、难易度也迥异。

对不同定位的总裁的需求

总裁定位	能力要求	候选对象	寻找难易程度
执行者	执行力最重要，人品和价值观也很关键	企业内部寻找最可行和可靠	★★
危机处理者	过往经验最重要	一般空降	★★★
战略转型者	思维方式、转型经验和能力、价值观都很重要	一般空降或内部破格提拔	★★★★
接班人	要求比较高，须具备企业家的基本特质和潜力并有极高的价值观匹配度	可以空降，也可以内选，但需要长时间培养，并且同时培养几人，相马也要赛马	★★★★★

对创始人而言，第一代接班人的人选最难确定。而对于社会化和职业化比较高的组织，在生死存亡时，找到一位能引领转型的总裁是最难的。比如20世纪90年代的IBM，选接班人容易，但让IBM不至于灭顶的转型者就只能从外部空降，而且是与IT行业素不相关的人——郭士纳，这是IBM历史上第一次选择空降CEO。

当然，不排除一种可能，企业基于当时的一个基本目的，无心插柳却最终收获了一名接班人式的总裁人选。

要点二：相互准备度

企业主和总裁，任何一方若没有做好合作的准备，都不要轻易走到一起。也许双方曾相互欣赏，可一旦在企业内相处，可能最终只能分道扬镳。那么究竟要做好哪些准备呢？

对企业主而言,以下六项准备尤为重要。

1. 分享权力

决策权、人事权、财务权,甚至权力背后的荣誉权和企业代言权,都可能要与新任总裁分享,甚至最终全权授权总裁。作为企业的创始人、拥有者和象征者,企业的一砖一瓦、一人一物都浸满你的汗水和血泪,犹如自己的儿女,但此时你得分享,你得慢慢退隐到幕后,这是第一代企业掌门人最难做到的。最大的陷阱就是表面授权,但忍不住去打探、越级指挥、越级听报告,这些都是直接毁掉一名总裁的"毒药"。

2. 承认差异

人的特质天然不同。作为领导常常抱着"你身上那些毛病在我的调教下都可以改造"的"宏愿",与总裁共事,最终酿成激烈的冲突或无言的抵抗。承认差异,平等相待,心存感激,欣赏与发挥彼此的优势,是最好的共事模式。艺术性地启发对方正视自己的短板,激发其向上修炼的动力,最是事半功倍,并让人心存感激。

3. 给予空间

不要在完全重合的领域与总裁共事,做好不同的定位和分工,给总裁独立发展、施展特长的空间,让他去发挥、展现和成长。

4. 适应的代价

给空间,就有风险,得做好充分准备,授权可能会带来失败。培养一个真正的总裁,必须舍得为他交学费。

5. 需要时间

除了空间和耐心,还要给予充足的时间供其适应、发挥和成长。很多研究报告表明,一个真正完全适应并发挥价值的总裁,在其岗位上往往需要三年的历练时间。可我们身边的企业主,常常三个月、半年就要

商业觉醒

下结论,即便真是个好的总裁人选,也因为没有给其足够时间而错失。

6. 冲突处理机制

有能力的人,恰恰也是个性鲜明的人。两个有个性的人走到一起,冲突在所难免。冲突不是坏事。实际上,为了更好地彼此适应,有时需要有意识地制造一些有建设性的冲突。但如何有效对冲突进行管理而不至于一拍两散,冲突处理机制就是必须要预置的。请双方信任的第三方协调、冷热处理、复盘等都是不错的机制,但坦诚、信任和回到初心的沟通则是处理冲突的不二法则。

"三顾茅庐"、心怀诚意、做好完全的合作准备,是当年刘备能请诸葛亮出山的根本原因,当然更是他能与诸葛亮共成事业、多年完美合作的坚实基础。

对候任总裁而言,做好己方的准备,同样重要。

发自内心地尊重企业主的创业历程、企业成就,特别是企业主身上的企业家精神和对企业的特殊情感,是总裁就任的前提;勇担责任,与企业共命运,是思考与行为的准绳;付出与执行到位,更是对总裁一职的基本要求。

当初我就任一家餐饮企业的总裁,一个多月后,第一次冲突便毫无预警地来临。自此,我给自己明确了三个准则。

(1)千万不要把自己当领导,员工无小事,要与大家充分交流、融合。

(2)信任基础没有建立起来之前,坚决不烧三把火。

(3)当与企业主有不同观点时,要表达出来,如未被采纳,就坚决将已形成的决议执行到底。

正是这三个准则,让我很快赢得了组织几千人的信任,尤其是企业主的信任,所以随后推行的一系列改革都取得了很好的成果。

要点三：匹配度

对候任总裁的定位不同，对总裁与企业主在价值观、能力、个性等方面的匹配度也有不同的要求。在这个层面，企业主的包容性和支持性都需要进一步的拓展和实践检验。

总裁匹配度要求

总裁定位	匹配度要求			
	价值观	追求目标	个性特征	能力
执行者	高度一致	高度一致	最好能性格互补	执行性领导力
危机处理者	基本吻合	高度一致	果敢性格	专项解决问题的能力要超强
战略转型者	迭代的、转型支持的价值观植入	更高的目标引领	有前瞻性和权威性的企业家型性格，有影响力和号召力	转型能力和高超的变革领导力
接班人	在高度一致的基础上逐步迭代和升级	更高的事业追求和企业目标	有独特的个性特征，带有创始人的影子，但又不同于创始人，但首先要具备合作性，否则过渡期都完不成	强烈的企业家特质和潜力

要点四：顺畅沟通

保证企业主和总裁能够最终走到一起，并带领企业走向更高高度的核心要点是坦诚且富有建设性的双向沟通。这个沟通可以随机自然发生，也可以预设场景发生，但彼此用真心，是最简单的，也是最有效的。

完成了以上四个基础动作，随后的总裁选择流程也同样重要，包括广泛的候选人来源和渠道、基于行为的结构化面试（BBSI）和评估、细致的背景调查、人选确定后的总裁进入路径等，都需要仔细设计和执行，不能有半点随意，因为要选择的是企业的总裁、是组织的二把手。呵护自己创立的企业，就从吸引总裁的每一个细节开始！

本文首发于《商业评论》杂志2017年5月刊，题目《你找的总裁对路吗》

50

给企业家"看相"

2012年10月，当辞掉一家民营企业的CEO职位后，我毅然决定跟上半场的职场人生说拜拜，决心开启人生下半场的全新探索。

然后便有了到大学商学院做企业家教育的经历与体会，同时也开启了做企业家教练的实践，这中间自然也就有了广泛深入接触各产业类型、各发展阶段、全国各区域（京津冀、长三角与珠三角）的企业和企业家的机会。只是这个经历与做咨询仍有相似之处，企业咨询与商业咨询，重心都放在"企业系统"这一对象和命题上。

但是几百位企业家接触下来，数十家企业的辅导和培训之后，突然发现在"企业系统"之外还有一个更为重要的"企业家系统"，这才是支撑广大民营企业，特别是中小企业，促使其创立成功、得以发展、做大做强的最需要关注和放大的隐性动力。

于是我决心在"企业家系统"这个领域开启我的探索。

8年时间，经过对1000个企业家样本研究，经过不断迭代和实证验证，我们提出了一个"企业家画像"的模型，并借助"双U穿越"的理论和方法体系，来解析、识别和激发具有企业家特质的"特种人才"，以最大程度释放这一最具创造性、最能无中生有，也最能推动社会进步的少数群体的才能与智慧，让他们用商业推动社会向上向善。

下面我们就来对企业家画像这一模型做个深入的阐述。

企业家画像之"能力图谱"

一名有潜质或者已成功实践的企业家,首先有个"能力图谱",它包含七个标签,如下图所示。

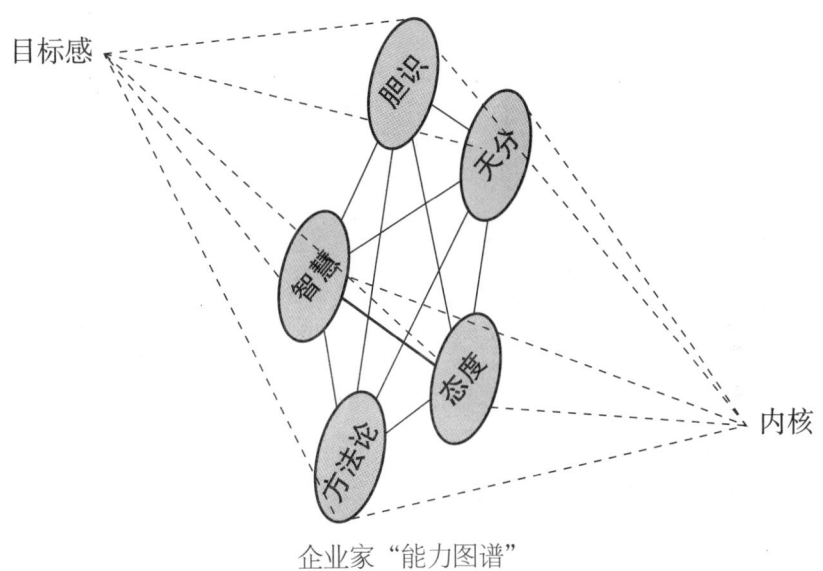

企业家"能力图谱"

标签一:胆识

胆识是人在面对机会、选择与风险时表现出来的气魄。具体表现如下。

(1)好奇心。这是一个创造者认识外部世界,发现潜在机遇的特质开端。

(2)冒险。创造就是无中生有,创业如此,企业发展中的迭代和升级更是如此。创造总是从未经历过的机遇开始,这些机遇也同时隐含着巨大的风险和挑战。能带领企业冲上去的一定是有胆识的人。成功的企业家会不断闯关、走钢丝、过独木桥……走过去了未必能活下去,但走不过一定没有未来。

（3）大胆决断。如果冒险面对的是新机会，那么做出决断则需要当断则断的气魄与一往无前的信心。

（4）出其不意。绝不走常人走的路，总是寻求出奇制胜的那个点，就是我们常说的差异化。

（5）不计代价。破釜沉舟，为了认准的机会，不惜一切代价的决心和气势。

标签二：天分

企业家有天分，毋庸置疑。但天分绝不仅是遗传因素，更关乎家庭的爱和成长环境。一个人是否有天分，绝不是从聪明与否这个单一维度来评价的，更关乎以下特质。

（1）通灵。

（2）学习力。时代在变，经营环境在变，企业的发展阶段、规模与复杂度都在变，要想紧跟并把握变化，必须具备不间断学习力。

（3）环境适应性。不抱怨外在环境的好与坏，只是努力去适应、调整，灵活应对。

标签三：态度

这就是稻盛和夫成功方程式中的"态度"，也是谈及情商时所说的"内驱力"。具体特质如下。

（1）责任。这是成为企业家的重要特质之一，哪怕到最危难的时刻，也能将责任扛在肩，绝不逃避，这样的人才能当领头人，才能充满底气领导他人，指挥他人。

（2）激情（自信）。对事业、他人、困难与挫折，始终保持着激情，激励自己，也感染他人。一路前行，展现超自信的姿态与行为。

（3）斗魂。指低谷反弹、失败中崛起的能力。这是企业家成功的主要基因之一，打不死的"小强"，往往是他们的真实写照。在风险投资行业，大家最爱投的也是那些多次创业，无论失败与否都努力重新出发的创业者。

（4）意志力（坚韧）。创立任何一项伟大的事业都不是一帆风顺的，也不是每天都激情燃烧，选择坚守，忍受寂寞也是必须要具备的特质。

（5）结果驱动。态度的付出一定是以结果为准绳来检验和调整的。

标签四：方法论

指与外部世界、人和事共处的方法。具体特质如下。

（1）独到性。指具有独特的自我特性，与众不同。每个企业家都有其独到的待人做事的方法体系，只是更多是在隐性运转，支撑着企业家的行为。正因为隐性，所以无法复制，也无法有效扩展。我们就是要帮助企业家把这个方法体系显性化，这样就可以复制，就可以让遇到问题的人自己解决问题。

（2）有效性。追求方法有效是企业家的天然特质。

（3）有能力。一个有清晰方法论的人，常常表现得能力超强。无论多么复杂的问题，有能力的人都能快速理出头绪，找到问题的关键点，给出解决方案。

标签五：智慧

智慧是能力系统的终极决胜力。一个称得上有智慧的人，通常具有的特质如下。

（1）利他思维。思考的原点与决策的依据都是站在他人的角度，看是否有利于他人、社会以及我们所处的环境。

（2）通透（触及本质）。正因为站在他人的角度，不是从自我出发，所以就不会被自我所蒙蔽，看问题自然就客观，能够触及本质。

（3）通人性。因为利他，就可以走进他人的内心，对人性的理解自然而来。

（4）感染力和影响力。因为利他，财散人聚，就有更多的人追随，为着崇高的目标，选择与你结伴前行。

标签六：目标感

企业家都是目标感极强的人，其特质具体表现如下。

（1）目标驱动。有着极强的目标感，树立目标并被目标驱使。在今天，放眼去看，有一定成就的企业家，都有着极强的使命感和愿景感。

（2）不断超越目标。不安于现状，总是超出现有能力去畅想和设定更高的目标，激励自己，也引领他人。

标签七：根

上述六个标签是我们可以感受到的企业家的几种外在特质，如同枝繁叶茂大树的干、枝、叶和果。生发这些"果"和"智慧"的"根"是什么呢？这就是我们要说的"能力图谱"的最后一个标签，即根，那个本自具足的无关乎能力的"内核"。它是种子，是因，是长成参天大树的深植于大地的根。这个内核是"孝"、是"善"、是"爱"、是"义"，不一而足。需要找到这个生发我们无限智慧的"根"，努力往下扎，成功于我们才有持续的可能，真正的企业家也才可能"炼"成。

只是这个"根"最不容易被个体觉察，它的解析需要一些专业功夫，甚或自我觉察的静观功夫。这个"根"更是与家族相连，也是心理学"原生态家庭分析方法"可以帮助我们探究到的。同时，解决个体的很多深层次问题，都可以从这里入手，事半功倍，而且可以达到彻底修复的功效。

企业家画像之"内核构造"

分析研究企业家除了上述的"能力图谱"，还有一个"内核构造"，这是一名企业家区别于常人的独特心性构造，也是其能否突破当下走向高远的根本所在。

企业家"内核构造"如下图所示，包含五个标签。

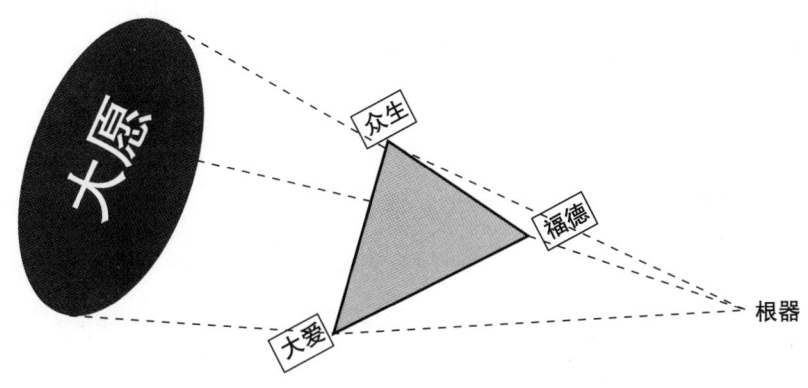

企业家"内核构造"

1. 标签一：众生

众生在这里指一个人对其从事的事业所承载的主体包含什么范围，也即其心中装载了多少他人，为多少他人谋福利。一个人心中装载的众生不同，也就决定了他的"企业家程度"不同：商人、企业主、企业家、民族企业家、人类企业家，不同程度也可以看作企业家成长的阶梯。企业家的格局大小，分水岭就在其心中的众生是谁，有多少。格局的修炼，也是由企业家心中的众生的改变而改变的。也可以说，格局变大不是修炼来的，而是因为众生的增加而撑大的。

2. 标签二：大爱

对心中的众生以完全的同理心，升起悲天悯人的爱，就可以让你看到众生的困难、需要和心声，这样你就可以发现他人看不到的问题本质，也就更能激发一个创造者的需求洞察能力以及机遇把握能力。

3. 标签三：福德

福德是一个人不断付出，帮助他人获得的福报。一个人积累的福报越大，所能从事的事业也就越大，回报也会越大，自然他能帮助他人的能力也就越大。福德不仅是施予和馈赠，一个符合社会伦理、法律伦理和道德伦理的商业组织，更是一个更为广义的福德，也是一个企业家最应积累和一代代传承和护佑的。

4. 标签四：大愿

基于众生、大爱和福德，一名企业家所生发的愿力，体现其人生意义和其所从事事业的社会意义。愿力的大小也直接决定一个企业家的影响力、感召力和调动社会资源的能力。这个愿力已不是"能力图谱"中"目标感"标签，它更是目标的升级版，甚或是终极版。

5. 标签五：根器

这与"能力图谱"的标签"根"是一回事，它是企业家画像"能力图谱"与"内核构造"共同的根系。

企业家指数

带着这个"企业家画像"，我约见东华兄。听完介绍，他一拍桌子，高兴地说："太好了，我就是希望有这样一个画像，能看看我们正和岛7000个企业家究竟哪一个是鲨鱼苗，我们就应该更多关注和助力他们。"他进一步说："志宏兄，你更应该把这个企业家画像做成游戏软件，让企业家可以玩游戏一样测评自己的企业家分数，并闯关一样不断提升，然后一步步提高分数，破关成功。"

受东华兄的启发，我们随后开始了"企业CT——智能在线评估系统"开发，并在2020年6月上线了1.0版本。我们期望面对一名企业家、一家成长性企业、一名企业高管，有这样一个在线系统，能够像医院系统一样，首先通过CT扫描得出诊断报告，然后由大夫或专家会诊，如此得出健康报告,进而获得精准的解决方案。

其中针对企业家画像,我们也开发上线了"企业家指数"工具,可以通过对企业家个体,或者通过对与企业家熟悉的团队、家人和朋友的多维度测评,得到一名企业家当前的企业家指数完整报告。报告描述一名企业家的优势、劣势、盲点和潜能,同时针对不同企业的发展阶段,分析企业家对应的开创指数、守成指数、冠军指数,以及领袖指数,明确企业家的匹配度以及改进提升点。

总之,"企业家指数"的在线评估和自动报告,可帮助一名企业家在成长的过程中不断突破自己,推动自己,将自我的特质进行更为充分的展现和发挥,从而真正走向本书倡导的"商业觉醒"。

(1)心力资本经营。开启以"心力资本"为核心的商业新红利时代。

(2)商者心力觉醒。核心是企业家心性的觉醒,让自性的商业智慧从心的本体上生发。

(3)向上向善。让资源向物质价值和精神价值双重转化的效率最大化,用商业推动社会向上向善。

按照企业家画像的框架,每一个人都希望有更好的企业家特质展现,从而在企业家阶梯上不断向上攀登。捷径便是从"内核构造"开始,大道至简,回到心道上的攀登将更有力,也可以更久远,从而人生圆满的终极目标也最可以达成。

祝福每一个有企业家特质,并致力于企业家人生的人们能够功德圆满,事业有成,用商业推动社会向上向善。

各位有兴趣的读者可以通过"企业CT"了解自己的企业家指数,以及其他感兴趣的在线评估,并给予我们改进建议和反馈。

→ 进入"商业觉醒大学"公众号"企业CT"栏目,开始"企业家指数"测评

本文首发于《商业评论》杂志2017年4月刊,题目《给"企业家看相"》,现有大幅更新和完善